方法比知识更重要

ERIC的英语学习笔记

张海露◎著

中国国际广播出版社

图书在版编目（CIP）数据

方法比知识更重要：Eric的英语学习笔记 / 张海露著.
北京：中国国际广播出版社，2022.6
ISBN 978-7-5078-5148-9

Ⅰ.①方…　Ⅱ.①张…　Ⅲ.①英语－自学参考资料
Ⅳ.①H31

中国版本图书馆CIP数据核字（2022）第090718号

方法比知识更重要：Eric的英语学习笔记

著　　者	张海露
责任编辑	梁　媛
校　　对	张　娜
版式设计	陈学兰
封面设计	仙　境
出版发行	中国国际广播出版社有限公司［010-89508207（传真）］
社　　址	北京市丰台区榴乡路88号石榴中心2号楼1701
	邮编：100079
印　　刷	环球东方（北京）印务有限公司
开　　本	880×1230　1/32
字　　数	200千字
印　　张	8.75
版　　次	2022 年 7 月　北京第一版
印　　次	2022 年 7 月　第一次印刷
定　　价	49.00元

自　序
我与我的“英语学习笔记”

关于我

我叫张海露，读者和朋友都喜欢叫我 Eric。性别男，1990 年生人，已婚，有一儿一女。山东巨野出生，黑龙江大庆长大，目前坐标泰国清迈。

我曾经是一名“资深学渣”，走上英语这条不归路实属偶然。高中辍学过一段时间，后来上了当地一所三本大学——大庆师范学院，读商务英语专业。大学英语四级考了三次才擦边考过，知耻而后勇，大学英语六级、专业英语四级和八级考试均一次考过。大学毕业后，去美国圣约翰大学（St. John’s University）读了 TESOL（Teaching English to Speakers of Other Languages，对外英语教学）专业，主要学怎么教英文。2015 年研究生毕业后，我参加了为期两年的“Teach for China”“美丽中国支教项目”——教书、读书、写作、修行。2018 年，和公众号“孟庆伟英文写作”的创始人孟庆伟（Justin）老师一起创业，创办了《现象级英语》品牌，帮助中高阶英语学习者持续提高读写能力。2021 年我和家人旅居泰国清迈，也算给自己放个长假，读书、运动、露营、徒步，顺便教教英语。

2014年4月22日，我开始写公众号“英语学习笔记”，记录我在纽约读书时看到的、听到的、读到的好玩的、实用的英文，也记录我犯下的错误和对我有帮助的学习工具和方法。几乎是每天都更新，如今已经写了2000+篇原创文章。2015年11月—2017年11月我开办了原版书读书社群，带领3000+人精读了约40本原版书。2016年6月1日发起了晨读群，做了6年的时间；还做过外刊阅读赏析、《经济学人》阅读马拉松、亲子英语线上和线下课程。通过这几件事，我想说：因为喜欢，便不需要刻意坚持。希望可以通过我的持续行动让更多人行动起来——学习无非就是积累，勤能补拙。让我们一起“进一寸有一寸的欢喜”。

我推荐和践行的学习方法很简单：利用碎片时间，见缝插针地在生活中学英语；也利用大块时间整理总结自己的所学。大原则是以教为学，输出倒逼输入，在分享中成长。我在公众号里写了许多我读过的书、我喜欢的电影美剧、我的生活……你不要觉得焦虑，按需选择我推荐的资料就好。日积月累才有厚积薄发，要相信时间，相信“复利效应”。

关于“英语学习笔记”

这几年，我收到许多有关如何学英语的问题。我最大的感受是：大家太焦虑，比如“我不知道我这样做有没有用”“我不知道该从何入手”……通病是想得太多，做得太少。恐前怕后，却从未认认真真做成过一件事。久而久之开始回避，祈求灵丹妙药，然后又开始三天打鱼，两天晒网。

比如词汇有问题，就背，天天背，背到梦见单词；语法有问题，就买基础语法书，从第一页认真看到最后一页，一遍没看懂再看第二遍，一本没看懂再看第二本。无趣？不喜欢？想找捷径？给我忍着。学习本身就是承认自己无知、伤害自尊心的过程，哪有那么舒服的事？学会了才有趣，才会痛并快乐着。

最重要的是，无论是什么水平的学习者，都要先掌握基本的搜索能力，能自己动手的就自己动手，这比学习英语本身更重要：学会学习，分析和解决问题。

比如“背单词忘了怎么办”“阅读时遇到生词该不该查词典”这类问题，在我看来并不是英语水平的问题，因为你不仅背英语单词会忘，你还会忘掉你小学同学的名字、你初恋的电话号码甚至你小学时背过的诗；而阅读时遇到生词该不该查词典？没有什么应该和不应该的，看你的阅读目的和学习目标是什么。

我不是什么“大牛”，英语改变了我的人生，可以说是救了我的命。因为英语，我的生活多了更多乐趣、机遇，也让我变得更好学、自信、幸福。和8年前刚开始一样，我想把我学到的、想到的记录下来，让更多人体会到这份乐趣而已。

吴军老师在《见识》中说，幸福感的本源只有两个——基因的传承和影响力。有影响力意味着你的创作有意义，可以带给别人价值，反过来分享者可以获得幸福感。

我希望自己有些影响力，让人生这条河能够更宽一点、更深一点、更长一点。我也希望你有一天也不再需要我。如果你在这里学到了一些知识和方法，被我的故事或文章鼓励到，希望你也可以把这份收获以你喜欢的方式传递下去。

因为热爱，无须坚持！

8年多来我在公众号上持续写作。内容上从英语学习笔记变成阅读、英语教学和个人成长的记录与思考，形式上有纯文字，偶尔也拍视频和播客。这一切的核心很简单：我想用无处躲避的社交媒体帮助我持续成长。

我很清楚我想要的是什么——新的体验、发现，想和好奇“谈恋爱”。无论是文字还是视频音频，都可以帮助我更了解自己，同时也在学习基本技能的过程中，提升了敏感度、学习能力，发现了更多可能。这种随时都在学习，每天都在进步的感觉，比“炫迈”还叫人停不下来。

我每天都更新公众号，因为每天都有一些新的想法，反正都写成了零碎的朋友圈和微博，干吗不花点时间再整理一下写成文章？如今我也不会要求自己有什么更新频率，写的内容也多了许多生活琐碎，希望通过我的践行，鼓励更多人按照自己的节奏、依着自己内心的冲动，去探索、表达、遇见。

如果想做一件事情，一定是“因为热爱，无须坚持”。那这“热爱”是什么？是养家糊口的压力，是相信自己值得，是别人行我也要试试的勇气，更是对未知人生的美好期待。

目　录

CONTENTS

第一章

我的英语学习方法：因为热爱，无须坚持

如何有效提升英语听力？

就现在的英语爱好者而言，训练听力无法仅用“多听”就能解决问题。我们要先分析问题，才能解决问题。

一、我们为什么听不懂?

“听不懂”往往是多种因素导致的结果。

你可以想一想：你有没有没听懂别人说中文的时候？为啥没听懂？可能是你没认真听，可能是对方口音太重，也可能是对方说的话题你不熟悉。

英语也是如此，我把“听不懂”的主要原因总结为下面4点。

1.生词太多

我们都能听懂自己读懂的内容，如果文字都读不懂，自然无法听懂。

看下面这段英文：

China sentenced a Canadian citizen to death for drug-trafficking. It is the second time this year a Canadian has received a death sentence in China. Some observers think this is in reprisal for Canada arresting the finance director of Huawei, a Chinese telecoms-equipment company.

想听懂这句话，至少要熟悉这里的关键词：sentence … to death（判死刑），drug-trafficking（贩毒），in reprisal for（报复），如果你从没听过这些词，这就不是可理解性输入，听它百遍，其义也现不了真身。

2. 不熟悉英语表达习惯

英语中有许多我们不熟悉的说法，除了一些习语和俚语外（比如lemon常用来表示“破车”，dog是“失败的产品”），有些“熟悉的陌生人”也会给我们的听力带来困扰，就像你很熟悉entitle表示“授予……资格”的意思，但是如果说“… is entitled”中的entitled是什么意思？你可能就会有点犯晕。

其实，这里的entitled一般可以理解为“总觉得自己跟别人不一样，自己高人一等”。

再比如，在“What has been talking about does not hold water.”中，你认识hold也知道water，但是合在一起并不是“握住水”，“… does not hold water”说的是“某种说法/思想站得住脚”的意思。

不熟悉的说法除了词的层面，还有“言外之意”的障碍。我本科时曾用托福听力题来练听力，听到过这样一段印象深刻的对话：

A：Does Prof. Ford always come to class?

B：Is ice cold?

我当时听得一清二楚，“Is ice cold?”不就是“冰是凉的吗？”这和教授来不来上课有啥关系？后来才反应过来，原来“Is ice cold?”是想表示“答案显然易见，一定是”的含义。这就涉及要推断句意去听，除了听懂字面意思外，还要根据语境和语气分析，解读弦外之音。

3. 不熟悉所谈论的话题，缺乏背景知识

听力是一个实时假设和猜测的过程，如果连基本的背景知识都没有，大脑就容易死机。有一次我和一群玩格斗电子游戏的朋友聊游戏，他们说的大多数游戏、角色、知名玩家的名字我完全都没有概念，自然也就听不懂。

英国外交部首席中文翻译官林超伦博士在《实战口译》中说：“没听懂是不可避免的。虽然水平越高，没听懂的次数就越少，但还是会碰到。我在英国做口译十多年，接触过的领域从政治经济、文化教育、媒体广告到石油化工、法律治安、机械采矿都有。越译越知道有时听不懂是必然的。其中一个原因是我们根本无法把自己变成一本名副其实的大百科全书。大千世界，包罗万象，知识本来就无边无际，更何况这些知识还在不断发展中！”

来看下面这段，别说听懂了，读懂可能都吃力：

He bowls a well-disguised googly and his top-spinner is delivered from a bit wider of the crease. At any rate, all of the batsmen are having trouble picking him.

这段其实讲的是一场板球比赛。如果不熟悉这个话题，再加上不知道googly（外曲线球），top-spinner（旋转球投球手），

batsmen（击球手），crease（击球线），听不懂太正常了。

4. 不熟悉英语中的弱读、连读等语音现象

英语中的连读、弱读、同化、省读、增音等语音现象会为我们的听力带来极大困扰。我常常会和学生举这个例子：我刚去美国读书时接了个电话，听到一个关键词“Sevanei”，当时百思不得其解。后来才知道说的是seven-one-eight，718。one和eight之间有连读，由于不熟悉这种连读，所以大脑没有能及时反应过来。

718

/sɛvnwʌneɪt/

也曾有个学生私信我类似的问题，她给我留言：“有一个问题想请教你。我经常在podacast（播客）上听到一个词，发音像‘follow one K’，跟钱有关，一直不知道是什么意思，网上搜也没查出来。”

我听了下，发现其实说的是401K（美国退休福利计划）。这里four和one连读成了像“fao肉丸”的音，于是她错听成了follow。

401

/fɔrəʊwʌn/

如果不熟悉自然语流中常出现的语音现象，只凭借我们初高中学到的那些“标准发音”，怎么听也是听不懂的。

库克（Ann Cook）的经典语音学习教材*American Accent Training*（《美语发音秘诀》）中也提出了听力的难点：We perceive based on past experiences. We're more likely to hear what we expect to hear.（我们根据过去的经验来感知，我们更有可能听到我们想听到的东西。）

比如英语为母语的人极有可能会把赞美诗“Gladly the cross I'd bear”听成“Gladly the cross-eyed bear”，把歌词“'Scuse me while I kiss the sky”听成“'Scuse me while I kiss this guy”。据说微软的语音识别部门叫“Wreck a Nice Beach”，因为它和“recognize speech”发音差不多。这些坑躲不过去也非常正常，遇到了就只能认栽。

5. 对方发音不够标准

口音太重并夹杂方言，和自己习惯的“标准音”相差太远。

实际生活中，我们遇到的口音障碍不会这么大，很多时候只是我们习惯了标准音，一时半会儿反应不过来而已。这就需要我们要让大脑适应这种有“噪声”的听力环境，依据语境进行猜测，自动“修正”口音，脑补没听懂的地方。

二、重塑听力观

分析完我们为什么听不懂的可能原因后，我们要在认知和心理上重新看待“听不懂”这件事，也就是“重塑听力观”。

1. 听不懂是常态

林超伦博士说：“越译越知道有时听不懂是必然的。”这足以说明听不懂是常态，也说明解决“听不懂”不是朝夕之事。就像是想减肚子上的赘肉，天天做俯卧撑是低效甚至无用的做法，更好的解决方案是全身运动，养成良好的饮食、作息和运动习惯。想提高听力，逐渐减少“听不懂”，唯有持续提升英语综合能力才是王道。

听不懂的地方必然会沮丧，比如我在看我女儿看的动画片时也有很多听不懂的地方，一样备受打击。但同时我也知道：每一个“听不懂”背后都有一个“要进步啦”的提示。

“听不懂”后，可以对照文本看看自己为什么没听懂，比如：是不是选择的素材太难了？找出问题才能找到解决方案，切勿病急乱投医，被“15天甩掉字幕看美剧”之类的江湖套路乘虚而入。

2. 别把目标设为“100%听懂”

林超伦博士还说，在口译实战中可以用“问、补、扔”三步法应对没听懂。

“问”是问别人，现实生活中如果没听清别人说什么，让他再说一次就是了；“补”就是在无法问的情况下，根据上下文自行脑补，如果“补”不了，那就放弃好了。口译如此，我们实际在听英语时也可以采用这个三步法策略，学会适当放弃。

听力的本质是“抓关键词”，最重要的是要知道对方说的核心内容是什么，这个目标达成后就可以多注意一些细节，不要本末倒置，丢了西瓜捡芝麻。

3. 充分准备

在听某个材料之前可以做一些准备工作，比如了解一下这个话题，通过阅读预判可能出现的关键词。卢信朝在其主编的《英汉口译技能教程：口译》中强调了联想、预测和推断的重要性，我们在平时多打有准备的仗，等到被突袭时心里也能快速反应，不至于丢盔弃甲。

4.明确自己练习听力的目标

很多人会选择用VOA（The Voice of America，美国之音）或BBC（British Broadcasting Corporation，英国广播公司）这样的素材练习听力。在我看来，如果你不是想从事播音、国际关系这样的工作，听这样的素材并不合适。

第一，这样的素材中有太多专有名词，我们不熟悉背景知识，这不仅是对英语水平的考验，更是对整体知识储备的挑战；第二，这样的听力素材不易直接转化为口语素材。这类新闻报道的用词和语调都比较正式，如同我们的《新闻联播》一样，在现实生活中人们并不是这样说话的。

我当年也听了一年多的BBC新闻，早上睁开眼就听，睡觉前也听着入眠，一年多过去了，还是有许多地方听不懂。现在想起来当初只是为了听而听，虽然也有一些进步，不过真的很低效。

我不是反对你听VOA或BBC（这里指的是新闻栏目），而是想说不要盲目地选择学习素材，有那么多优秀的播客、有声书、脱口秀，为什么一定要选择效率并不是很高的VOA或BBC呢?

如果你现在在准备雅思考试，那就可以以雅思真题中的听力为主要学习素材，以同类语速、话题的材料为辅。如果没有考试需求，找自己感兴趣、语言难度适合、语速和长度适中的内容听。

最后要注意：无论怎么听，都要能听懂，即要知道大意是什么，否则很可能就跟你听歌一样：走耳不走脑，起不到练习的作用。

三、如何练习听力？

在这里我给出3个主要解决方案：以听写夯实基础，学习语音过渡进阶和突破各类口音提升辨音能力。

1.夯实基本功：听写

上面已经明确了听力水平是综合能力的体现，不过我们确实有一些方法可以训练听力。比如最简单也是最有效的方法：听写。

下面是一些朋友可能存在的问题："老师，我想问您个问题，提高听力的话，做听写有用吗？"

大家总是习惯问："……有用吗？"我觉得更好的问题应该是："为什么要使用这种方法？""如何使用这种方法？"

在没有想通这两个问题之前，"……有用吗？"是没有意义的。

那些学好英语的人，都是用适合自己的方法去学习，但是他们的方法对你来说可能就没用，因为你只学习了形式，没有学到最核心的思路。

回想起来，我的英语听力训练很大程度上要归功于当初的听写训练。听写是英语专业四级考试的听力题型，当初我专攻练了50个听写，每一个都反复听了很多遍，大到词汇语法，小到标点符号都严格对待，但每一篇都错得惨不忍睹。有些单词发音我死活都听不出来，但是在诚实地练了50多个后，依然倍感沮丧和痛苦，不过听力水平确实有很大进步。

许多人学了这么多年英语，怕是从来没有真正“听”过一段话。每次都是“差不多就行了”，这样下去自然也是个“差不多”的水平。

如何正确地听写，钟道隆先生在他的《英语学习逆向法》中说得很清楚。如果让我总结，我会要大家注意下面4点：

（1）篇幅不要太长，三五句足矣

听力材料不宜过长，尤其是刚开始自己的耐力和能力都还不高的时候，要选择篇幅短、难度较低的素材，保证自己能够完成，并且获得成就感。有了习惯后，就可以逐渐挑战更丰富、更高难度的素材。

如果不是为了考试，听写素材要以兴趣为主，比如YouTube（优兔网）上的网红教师Coach Shane（“尚恩教练”）的素材，还有60-Second Science Podcast（“科学60秒”播客）等，美剧片段也可以作为听写素材。水平高的朋友可以选择用英文歌曲、脱口秀练习。

（2）从整体到局部再到细节

听力并不是一项“被动”的技能，它需要我们主动地猜测、预测、推断和解读。

先听全篇或整个段落，了解素材是讲哪个话题、大概说了什么事。知道是哪个话题，大脑就会加快反应速度。在第二遍和第三遍听写时，以句为单位听写，自己听的时候也要听

“句块”，而不是听每一个“词”。最后一遍再关心一些细节，比如单复数、时态、冠词和介词。

（3）诚实，诚实，再诚实

听不懂就承认自己没听懂，然后分析自己听不懂的原因，建立自己的“错题本”，争取下一次做得更好就可以了。

听的时候一定不要看原文！因为那样你会把更多注意力放在“读”上，还会因此养成依赖文字的不良习惯。《朗文如何教听力》中就建议学生至少听完两遍后才能看原文，主要目的是确认自己听的是否正确。

（4）坚持，坚持，坚持

不要练了一个星期，只练了两三页纸，也没有什么明显的进步就放弃了。时刻检查自己的练习方式是不是有问题，有没有足够诚实，另外要知道，你需要有必要的练习时长才能有所进步，心理上要有正确的预期。

听写工具或App（Application，应用程序）有很多，我推荐选择最朴实无华的那个。最简单、最朴素的工具就是一个能播放音频的工具，再加一纸一笔即可。把手机放在一旁，训练自己能够立刻进入练习状态的能力，在练习中提升自己的注意力和反应力。

最后请注意：

听写有一个内在的危险：学生会滑入“机器人模式”，只把听到的东西写下来，而没有真正地思考它的内容。我们在做听写训练时一定注意要更主动地参与听写过程，比如把听写素材变成口语素材。选择听写材料时也要兼顾内容难度、趣味性，不让自己成为话语转录器。

听写是一种训练听力基本功的方式，它的操作成本低，可以立刻通过对比原文获得反馈。如果自己过了这个基本关，就可以灵活地听写，并不一定要动手写下来。比如你听了一段文字，口头把它复述出来也是可以的，还顺便把口语也练了。总之一定要对自己诚实，怎么对自己更有帮助就怎么来。

2. 自下而上：学习语音现象

连读和弱读的基本规则上网搜一下就能了解，但是了解和能听到、能说出来是两回事。我做了好几年的晨读课，许多朋友都是跟我学了好多期后才感受到“耳朵被打开”的感觉。听说不分家，听，并且有意识地分析总结其中的语音现象，然后刻意模仿还原这种现象，才能自下而上地提升听力。

我强烈推荐语音学习网站Rachel’s English，里面有免费的语音学习视频。特别推荐网站上的生活视频系列，是了解真实英语中的省读和弱读的好材料。

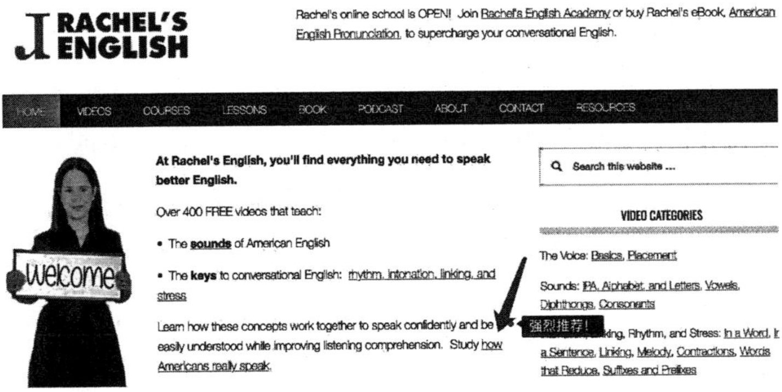

Rachel’s English 网站截图

我曾在晨读课上带领学生读过一本由Nina Weinstein（妮娜·温斯坦）写的*Whaddaya Say*(《你说了什么？》)，专门讲弱读和听力的书，如果你有兴趣的话也可以找来学习。另外，乔纳森·马克斯的《剑桥国际英语语音在用》套装书也是不错的选择。

学习完这些教材后，你掌握了常见的语音现象，识别哪些词重要、哪些词不重要的能力也会有很大的提升，然后你会发现：自己听得没那么辛苦了。一句话里的关键信息仿佛会跳出来一样，而那些不重要的词也会自动被忽略，大脑因此得以减负。

练习听写和学习语音是提升听力的必经之路，是需要花苦功夫的地方，过了这一关，后面就会学得越来越好，进步也越来越大。接下来我建议有意识地听非标准音，提升自己的辨音能力。另外还要更主动、高效地听，通过模仿背诵素材提升口语能力。

3.提升辨音：有意练习听非标准音

因受地理环境、社会环境等众多因素影响，口音是不可避免的语言现象，我们要对不同口音怀有平和包容的心态。相信许多朋友都有这样的疑问："关于如何听懂印度等各种口音，有什么练习方法吗？"

我推荐过一个记录全世界口音的网站https://www.dialectsarchive.com。除了这个口音网站外，我还推荐过一本朱巧莲的《英语各类口音听译突破》，适用于高级学习者的书。书中收集了真实的有口音的英语素材，包含了英国、美国、加拿大、澳大利亚、新西兰这些以英语为本族语的国家的口音，也有法国、意大利、德国、日本、新加坡等英语为非本族语国家的口音。

听不懂是常态，和永远会有生词一样，我们永远有听不懂的地方，要死磕也要选择性放弃。希望这篇文章可以帮你定位“没听懂”的可能原因，消除一些焦虑，找到一些方法。

从听写基本功做起，有意训练提升语音意识，持续提升英语综合能力，你会发现你能听到更多的声音，你会更自信，你的世界也更丰富有趣。

我有哪些练习口语的小习惯

我从这几年的口语教学中总结出几点我的口语小习惯，希望能够从心理到技巧上帮助你敢于开口说英语，更加自信地表达自己。

一、左右逢源

口语表达中的一大障碍是过于追求标准答案。想表达一个意思有很多说法，可以用简单的词也可以用习语、俚语，还可以根据场合调整是该严肃还是幽默。想让口语表达流利，我们要学会“左右逢源”，给自己多留几个“备胎”。

比如学到“价格太高”“漫天要价”时可以说“What a rip-off !”但我们还要问自己：这个意思还可以怎么说呢？

这时，我们就可以利用同义词词典Thesaurus帮助自己回忆和拓展了。比如，你想搜expensive，把这个最常见的说法放在词典中搜，就能看到pricey/exorbitant/steep/outrageous这样的单词。

也可以利用搜索工具找习语表达，比如，当你搜“expensive idioms”时，会发现有N多条与之有关的相关表达，像“That’s

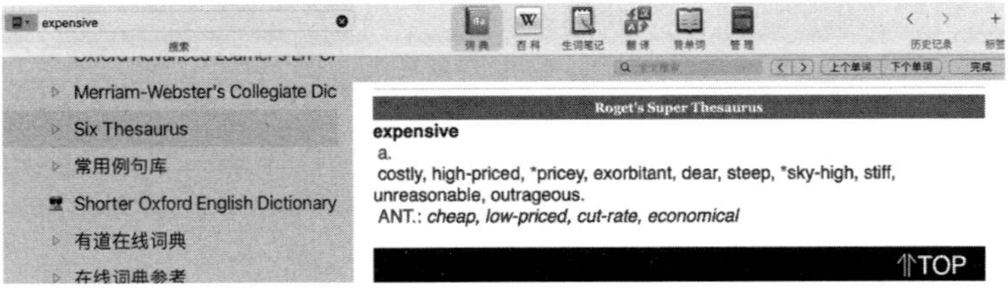

利用 Thesaurus 搜索 expensive 词条

a bit steep. /That's a bit pricey. /You paid a bit over the odds."等。

这样做的主要目的是通过几秒钟的动手查询，激活那些"落灰"的表达，也让自己看到新风景。不需要刻意记忆。随手查多了自然就跟这些同类词打成一片，当我们左右为难时，它们就会挺身而出。上积新词，下激旧词；左右逢源，手到擒来。

二、他山之石

学习口语的关键是语境，因此我们要多要问自己：什么场景下能用上这个词？用它的时候需要注意哪些细节（比如语法特点）？

回到刚刚说的"漫天要价"，看到这个词时我立刻想到疫情刚开始时的口罩。我并没有直接自己造句，而是多动手，利用搜索看看媒体上是如何报道的，找到感兴趣的链接，也许还会有意外收获。比如我在搜"mask China price gouging"时，就发现了新华网上的一篇标题为*Economic Watch: China pulls no punches in fighting price-gouging of coronavirus prevention supply*（《经济观察：中国在打击冠状病毒供应价格欺诈方面会毫不留情》）的文章。

这样想一想再查一查，不仅可以获得高质量、接地气的例句，还能通过这种笨方法对这个表达更熟悉，增强感性认识。就像刚才新华网的标题中出现的pull no punches（直言不讳，毫无保留），我顺便也掌握了它的含义。抱着“顺手牵羊”的心态和习惯学习，享受细水长流的进步。

三、自言自语

学着一人分饰多角，做得了女王也扮得了萝莉，给你一首BGM（Background music，背景音乐），全世界都是你的。

自言自语具体表现在“无所不读”“无所不译”“无所不演”，看到英文就忍不住读一读，遇到好玩的、不好理解的中文，会想想用英文该如何表示，碰到觉得有用的说法就会想下次我该如何把它用出来呢。

四、为用而学

把读到、听到的内容都提取成口语素材：如果学到的东西不能“话从口出”，学它们有什么用？同样，那些学了也不太能记得住的说法就放弃，若是有缘便会重逢。

为每一个词句创造一段“独家记忆”，让它和你的生活紧紧联系在一起。

五、以教为学

从美国回国后，我发现自己说英语的机会越来越少，好不容易炼就的语感就这样一点点生锈。为了解决这个问题，我在3年前创办了晨读英文活动，目的就是每天至少要说点英语，用清晨偷来的一小时，让自己保持用英语的状态。

“微博投票学习法”是一个我比较喜欢的“以教为学”的方法。

一次，我在晨读群中发了一张讲“bad hair day”用法的图，然后就有小伙伴补充了hair的另一种表达：“let your hair down”。我随手就发了微博：

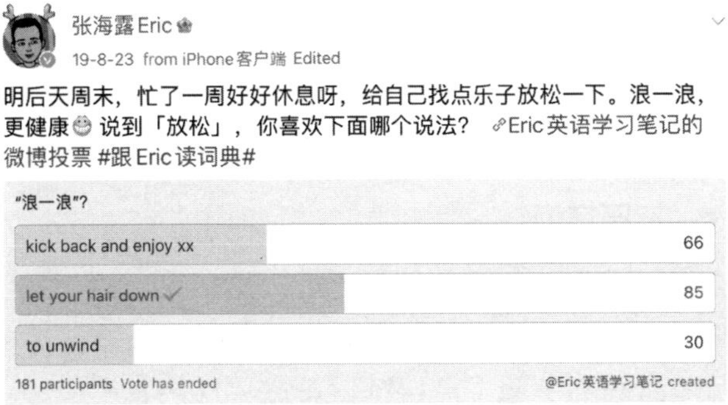

类似的灵感时刻还有很多，比如：

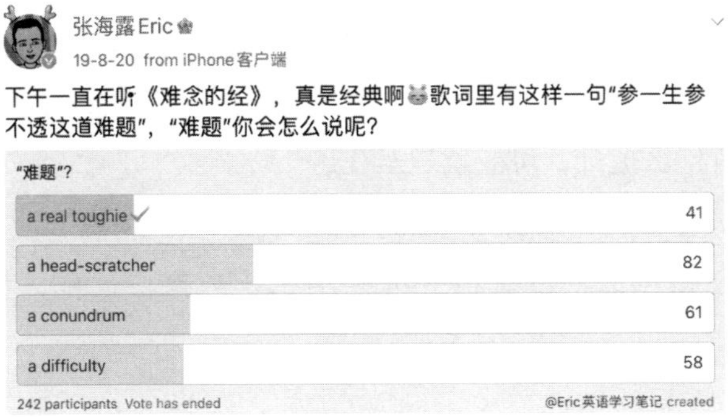

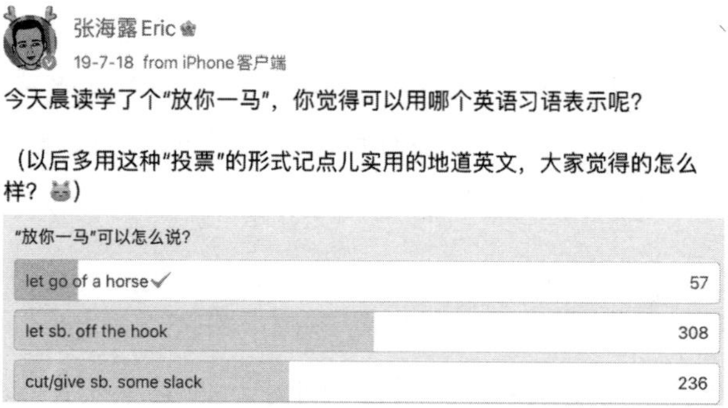

多脑洞大开，多动手查，分享自己捡到的贝壳和那份喜悦。在我践行“以教为学”的同时让更多人开始“学”，开始“教”。

六、不厌其烦

背了忘，那就忘了再背，耐得住枯燥，为了能流利张口那一刻而时刻准备着。口语世界里没有“容易”二字，想要少点尴尬多点自信，那就要不厌其烦、千锤百炼。

多次不厌其烦后就会尝到这种笨方法的甜头，于是也就真不烦了。不厌其烦的本质是戒骄戒躁，若没有经过一番苦功夫，基本功便不扎实，很快便会碰到瓶颈。如果你的英文好久都没有什么提升，可能就是差在这一环。

切莫眼高手低，自以为是。即便已达到较好的水平，也要坚持练习，继续提升准确和熟练程度，这样才能持续进步。

七、自我反馈

在你说完或写完英语后，都要问问自己：“有没有哪些不确定的地方？”比如一些语法细节、发音问题等。“有没有哪些没说清楚的？”动手查查别人如何用英语说这件事。

如果自己已经意识不到自己的问题，就要找别人给你反馈，那样会少走许多不必要的弯路。这个道理很简单，但落实到践行上便会大打折扣，归根结底是我们不愿意面对自己的问题。如果想进步，就要“不怕露拙”才行。

八、错就错了

允许自己犯错，把错误、尴尬、打脸变成进步的燃料。

九、不“学”口语

从“学”转化成“用”，上山下山都是修行。不要非等到学到某个阶段才开始用，更好的做法是在用中学，在实战中提升实力。用就痛痛快快地用，然后再用上面提到的小习惯一次次改进。在用中找到学习语言的乐趣，即使受到挫折，也会是甜蜜的反馈。

去哪里“用”呢？除了各种在线外教课外，推荐两个可以用英语的地方：一个是线下活动 Toastmasters（头马演讲俱乐部），它给你提供一个真实环境下做公众演讲的机会，会议氛围很友好，是刚开始用英文的好地方。

另一个App是Meetup，我在美国读书时用它参加过一些线下活动。这些活动都是用户自发组织的，可以交朋友、了解当地文化，练习语言就是顺便之事。国内用这个App的不是很多，不过可以试一试，我在北京参加过一个语言交换的活动，氛围还不错，比一般的口语角强很多。

最后分享一个“学习英语要诀”。林语堂先生1928年编写了《开明英文读本》，是民国时期极为畅销的一套英文教材。那一年乔姆斯基刚出生，1969年后才有了亚历山大的《新概念英语》。林先生在序言中提到“学习英语要诀”，现在读来依然受用。

学习英文要诀

一　学英文时须学全句，勿专念单字。学时须把全句语法、语音及腔调整个学来。

二　学时不可以识字为足。识之必须兼能用之。凡遇新字，必至少学得该字之一种正确用法。以后见有多种用法，便多记住。

三　识字不可强记。得其句中用法，自然容易记得。

四　识英文时须耳目口舌并到。耳闻、目见、口讲、手抄，缺一不可。四者备，字句自然容易记得。

五　“四到”以口到为主要。英语便是英国话，如果不肯开口，如何学得说话？

六　口讲必须重叠练习，凡习一字一句，必须反复习诵十数次至数十次，到口音纯熟为止。学外国语与学古文同一道理，须以背诵为入门捷径。每课中取一二句背诵之，日久必有大进。

七　口讲练习有二忌。（一）忌怕羞。学者在课堂上怕羞，则他处更无练习机会。（二）忌想分数。一想到分数、便怕说错；怕说错，便开口不得。最后的胜利者，还是不怕羞、不怕错、充分练习的学生。若得教员随时指正，自然可由多错而少错、由少错而纯正，由纯正而流利，甚至由流利而精通。此是先苦后甘之法。

八　读书要精。读音拼写，皆须注意。马马虎虎，糊涂了事，不但英文学不好，任何学问亦学不好。

能理解并践行前三条，英语学习就进了一小步。这也提醒我们，真正行之有效的方法，往往就是这么朴实无华，且枯燥。

曾国藩说："治心治身，理不必太多，知不可太杂，切身日日用得着的，不过一两句，所谓守约也。"

学习的道理也是如此。大方向上无非是持续输入输出，在使用中学习；细节上就是这些小习惯、小心思。希望你也能找到自己的"一两句"道理，"一两个"小习惯。

口语语音学习的5个常见误区

语音是口语的基础，我总结了5个常见的语音学习误区。这些误区中有很多是我走过的坑、有过的执念，也有一些是在教学过程中观察到的问题和学习心态，希望对你的口语学习也有启发。

一、发音一定要地道

“发音一定要地道”的问题首先在“地道”，如何定义“地道”呢？为什么要“地道”呢？为什么许多人把重点卡在“一定”上，认为非得发音地道了才能开口用英语。

对于大部分人来说，发音基本清楚就可以了。放下“一定要地道”的执念，先开口说，如果要纠结的话，可以先把目标定为“尽量说清楚”。

二、过于纠结该学英音还是美音?

美音和英音都是一种口音，想学哪个纯粹是个人偏好，不需要过于纠结。也不要有什么口音优越感。口音和母语人士接近当然好听、漂亮，但是语言更重要的是沟通，不是比谁说得好听。

摆脱口音的束缚，有一个开放的“口音观”。不为中式口音而自卑，不为英式口音而着魔，不嘲笑他人的口音——嘲笑别人口音要么是无知，要么是无礼。

另外，如果你总是纠结英音或美音，我建议你选择美音，因为学习材料更多。

三、流利就是快

经常在朋友圈看到有些老师或者家长晒小朋友背英语的短视频。听起来读得很流利，英文整体节奏还可以。不过发音不准，用力也过猛，很多地方没有连起来，造成语流不自然也不够清晰。

流利并不是快。内容上的流利是有话可说，语音上的流利是有节奏，并且能够通过重读、语调的变化突出重点信息。另外，无论是中文还是英文，语速过快或过慢都不是好习惯。由于英文是有stress-timed（重音节的），和中文全是单音节的发音习惯不同，我们很容易就把英文说得过快，因此在练习阶段更要注重轻重缓急，把重点信息说清楚。

四、跟读模仿，语音自然就好

语音学习的本质就是鹦鹉学舌，听到啥说啥就好了。不过大多数成年人的耳朵已经没那么敏感，很难听到原声的语音

All at Once

Just do it! Listen to the sounds and rhythms. Capture some essential elements, and go!

Step-by-Step

Apply each technique one by one to develop your voice quality, pronunciation, intonation, phrasing, and linking. After you have mastered each of these elements, work on integrating them into speech.
Which method will work best for you? We'll try the all-at-once way first to see if we can jump-start you with this shortcut. This isn't so much about the American accent as much as it's about you doing pure mimicry. Don't think. Don't overanalyze. Just imitate exactly what you hear in every aspect—voice quality, pronunciation, rhythm, phrasing, and word flow.

《美语发音秘诀》中介绍语音学习的两条路

特点。再加上舌头不灵活，发音习惯不好，模仿的声音和原声很多时候并不一样。

“All at Once”就是听到啥说啥，找个你喜欢的美剧“刷一刷”，口语自然就好了。不过对更多人来说，还是要化整为零，步步为营。

五、每天坚持读两个小时

曾有学生苦练发音，于是花大量的时间背《新概念英语》，早起跟读练发音，练了两年多。我听了听他的“修炼”成果，发现基本的发音问题还有一大堆。没有反馈的练习很容易变成自嗨。有反馈的坚持才有意义。

想要获得反馈就要敢于暴露自己的问题，去找机会用英语。在用的过程中，如果别人没听懂你说的是啥，你就知道自己的发音表达可能有问题；如果别人听懂了，你就知道自己这样说是可理解的。在用的过程中，你也有机会听听别人是怎么说的，把它们语音和表达“偷”过来，下一次你就可以说得更好了。

另外，要有敢于接受反馈的心态，更要有改进的行动。了解英语的节奏模式，多观察修正，追求清晰、自然不需要执迷于地道；语音学的重点是高质量的反馈，否则很容易“走火入魔”。

90%的人都不知道的原版书阅读方法

Vivi（薇薇）是我在老书虫书店遇到的一位朋友。那天我们一起参加了一个学习中文的活动，活动结束后我们聊起了英语学习的话题。Vivi问了我一个我几乎每天都会被问到的问题："怎么读原版书啊？"

我想了想，和从未读过原版书的她分享了这样一套学习思路：

（1）多数人阅读英文书的问题不是英语水平问题，而是不相信自己有能力读完一本书。因此你要先确定你是否真的想读完一本原版书，确定你每天会留出时间给阅读，确定你愿意承受行动中的沮丧和折磨。

（2）做好读完一本原版书的决心时，先挑一本你感兴趣的书，不要读名著，不要读20年前出版的作品（不一定非得是20年前，刚开始阅读时，选择近几年出版的读物会更容易些）。

（3）无论如何，把它读完。

我说你先按这个方法读完一本书。不要想什么技巧方法，别找什么借口，先读完你的第一本书，然后我们再想如何兼顾内容和语言，进行高效阅读。

几天后我组织了线下读书会，Vivi也参加了，还带了一本300多页的英文书*Eat, Pray, Love*（《美食、祈祷和恋爱》）。

我问她确定要读这本书吗？可能这本书对她来讲太难、太长了。她说之前看过它的同名电影，非常喜欢，就特别想读读它的原版书。而且已经读了快10页了，因为看过电影，遇到读不懂的地方也能猜个八九不离十。

一星期后她兴奋地告诉我："我找到了适合我阅读的好方法！就是把内容读出来，当我读出来的时候我会变得更加专注。当我读到某一段的时候，那些文字会变成画面，比电影还好看！"

她还给我发了条信息：

Eric，特别想对你说声谢谢，因为我不敢相信自己两周内读完了3本英文小说：*Eat Pray Love*，*The Notebook*（《恋爱笔记本》），*Dear John*（《分手信》）。就这样一本接一本，停不下来，后两本也读得非常容易。客观上因为我被关起来培训，哪里都去不了，给了我大量的阅读时间，我可以静下心来读一上午或一下午。阅读的感觉太美妙了，你肯定在很多年前就体会过那种感受，就是读完了后你会发现你忘记自己读的是中文还是英文，因为在脑海里产生的画面完全不被语言影响，只会被故事本身感动。谢谢你的读书会，让我知道大家都那么优秀，但一直都还在努力提高自己。好了，现在开始我可以拍着胸脯说自己是读过英文原著的人了，心里再也不虚了，哈哈。

从读完一本原版书出发，Vivi享受了阅读的乐趣，同时收获了自信。她没有问"这本书在哪里买？"没有说："等有时间的话一定读一读”之类的话，而是从兴趣出发，立刻行动起来。

阅读的方法没有什么神秘的，只要是开始了，方法会千方百计找到你。能让自己开始并且坚持下去，核心是start with why（从为什么开始）。

Simon Sinek（西蒙·斯涅克）在TED演讲中以“How Great Leaders Inspire Action”（伟大的领袖如何激励行动）为题分享了他的“黄金圈”（Golden Circle），其实就是三个关键词：Why（为何做），How（如何做），What（做什么）。利用这个理论，他解释了为什么苹果公司、怀特兄弟、马丁·路德金可以取得成功的秘密：start with why。

苹果公司卖得并不是科技产品，而是一种“挑战现状”（challenge the status quo）的理念，他们只是恰好地选择了科技产品来实现这个理念。例如，Zappos（一家卖鞋的网站）的目的不是卖鞋，而是Delivering Happiness（传递快乐），他们注重企业文化和售后服务，只是恰好选择了卖鞋这种方式。只有start with why，产品才能有灵魂，消费者才会忠诚；只有start with why，我们才能影响和吸引他人。

同理，start with why的原则也适用于我们的英语学习。在我们行动之前要找到“为什么要做这件事”的原因，如果找准了why，我们行动起来才会有动力和方向。

拿读原版书来说，你的why是什么，为什么要选择这种方式呢？可能你会说：“因为我想提高英文水平啊。”那为什么要提高英文水平？

顺着这个思路想下去，你会发现“提高英文水平”背后的东西才是真正的why，比如："有国际化视野""了解不同的文化""成为一个有趣的人"，而"提高英文水平"只是一个how，"读原版书"只是一个what。

还记得你小时候为什么开始读那些家长眼中的"没用的课外书"吗？因为我们对这个世界充满好奇，对他人的想法和故事充满兴趣。通过读书提高中文能力只是一个副产品（by-product）。我们读外文书也应该如此，别完全把一本书当作英文学习教材，而是通过文字去体验不同的视角和感受。

找到了why之后，我们来说说how。任何native speaker（母语使用者）写的内容其实都是很好的学习材料，都可以用来练习朗读、积累书面和口语表达、学习语法、拓展阅读、听有声书和相关影音资料练习听力。关键是如何按照自己的需求来平衡精读、泛读和内容、语言，这一点需要你自己想清楚。

拿我来说，我读non-fiction（非小说类）图书，主要是看看别人是如何解决问题的，我会把注意力放在内容上，通过泛读掌握一本书的主要内容。*Start with Why*（《从"为什么"开始》）这本书我就用一个小时比较高质量地读完了，因为它的核心内容在他的TED演讲中已经说得很清楚了，通过阅读我了解到了更多的例子。

我和几个朋友一起晨读*Diary of a Wimpy Kid*（《小屁孩日记》），想通过这本书练习发音和学习内容，因此这本书的侧重点是精读和语言。在读书会中，因为我要和他人分享我的阅读，于是我会先泛读一遍重点内容，然后再精读侧重语言。

总之，每一个行动的背后都有一个why。当然，我们在读原版书时还要注意：

（1）读原版书并不是提高词汇量的好方法。提高词汇量的好方法是狂背单词书，而阅读可以帮助我们提高见到一个单词的频率、通过情景学习如何使用这个单词。

我在公众号发表的一篇《我从这本书中学到了86个实用表达》中通过一本书整理了86个表达，其实对我来说只有四五个新词而已，我只是通过阅读巩固了我已经掌握的词汇，让它们真正变成我自己的。因此我建议大家阅读时要注意重点学习“熟悉的”“貌似见到过的”表达。不要过于注意文中的生词，每两页学到一两个生词就已经很多了。

（2）想要持续读下去，你的行动必须有幸福感。如果你读的东西不能用出来，很快你就会失去动力。那么如何用起来呢？我的方式是通过写公众号和微博分享给更多人，用这种方式产生“行动的幸福感”。找到你行动的喜悦后，像Vivi一样，你根本停不下来。

最后我再分享一个三阶段的“阅读配方”：

第一个阶段：选择一本你特别感兴趣的书，把它读完，关键词是读完。也可以根据自己的专业课出发读英文原版教材，例如曼昆的*Principles of Economics*(《经济学原理》)，或者可以读已经改编成电影的原著，例如*Wonder*(《奇迹男孩》)，*Dear John*。

第二个阶段：读一本你感兴趣的畅销书。以non-fiction为主食（例如得到专栏中大咖们提到的书）。在这个阶段开始加强输出（写读书笔记、讲给别人听），每次读完一本书都要切切实实的收获，例如几十个表达，几种想法等。这个阶段我建议认真读一遍著名教育学家莫提默·J. 艾德勒的*How to Read a Book*（《如何阅读一本书》），并践行。

第三个阶段："天文地理大象蚂蚁，四书五经蜡笔小新"，读经典读流行，想读啥就读啥。读书和说英语可以成为和吃饭睡觉一样的日常。有机会多多参加读书会或者组织相关活动，去分享、交流。

期待几个星期后，几个月后的你，也可以像Vivi那样发条信息给我，分享你的幸福感。

高效阅读的10个好习惯

我喜欢读书，尤其是英语书。几年来我读了几百本书，也领着几千人读了几十本书。我总结了10个简单实用的阅读习惯，希望对你也有启发。

一、出门带iPad/Kindle/纸质书，AirPods（或同类无线耳机）

利用碎片时间，哪怕是读上或听上两分钟，那也是学习，通过这个行为养成随时随地都能进入专注状态的能力和习惯。

二、用三色笔做笔记，读书顺便学英文

笔记主要分为三个方面：想学的词、想记住的话，想说的话（总结/评论/联想），通过笔记把书读成自己的。

三、读电子书时，检索眼熟的词

当你读电子书时，会经常遇到同一个单词频繁出现的情

况，比如我之前读乔治·奥威尔的*1984*（《一九八四》）时，总感觉dingy这个单词反复出现，于是利用搜索功能在PDF中搜了这个单词。结果发现全书共出现了6次：

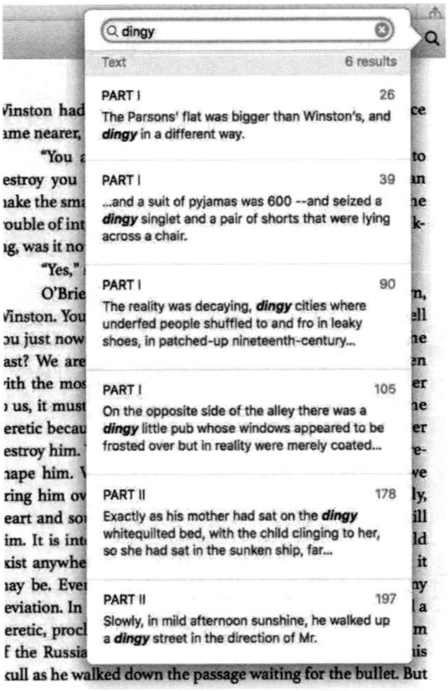

通过搜索我们可以在不同语境学习同一个单词，并且掌握作者的高频词汇。

四、读中文的时候想想英文怎么说

读中文书时也可以学英语，本质上就是做口头翻译。尤其是读到一些术语时，可以查查它的英文说法和解释是什么，这样我们不仅多了个认识事物的角度，也能在用英语交流时更自如。

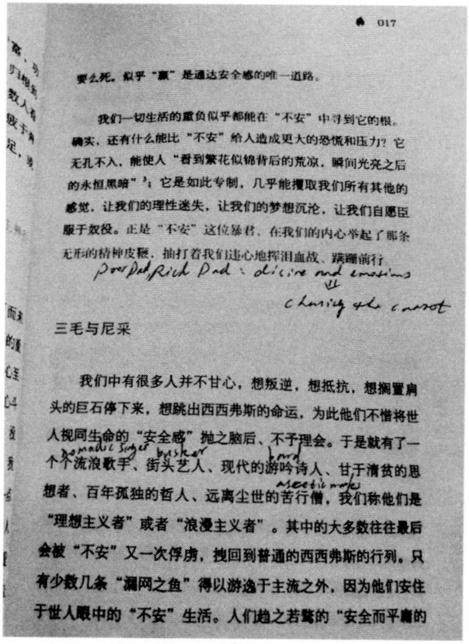

017

要么死。似乎“赢”是通达安全感的唯一道路。

我们一切生活的重负似乎都能在“不安”中寻到它的根。确实，还有什么能比“不安”给人造成更大的恐慌和压力？它无孔不入，能使人“看到繁花似锦背后的荒凉，瞬间光亮之后的永恒黑暗”[3]；它是如此专制，几乎能攫取我们所有其他的感觉，让我们的理性迷失，让我们的梦想沉沦，让我们自愿臣服于奴役。正是“不安”这位暴君，在我们的内心举起了那条无形的精神皮鞭，抽打着我们违心地挥泪血战、踽踽前行

三毛与尼采

我们中有很多人并不甘心，想叛逆，想抵抗，想搁置肩头的巨石停下来，想跳出西西弗斯的命运，为此他们不惜将世人视同生命的“安全感”抛之脑后、不予理会。于是就有了一个个流浪歌手、街头艺人、现代的游吟诗人、甘于清贫的思想者、百年孤独的哲人、远离尘世的苦行僧，我们称他们是“理想主义者”或者“浪漫主义者”。其中的大多数往往最后会被“不安”又一次俘虏，拽回到普通的西西弗斯的行列。只有少数几条“漏网之鱼”得以游逸于主流之外，因为他们安住于世人眼中的“不安”生活。人们趋之若鹜的“安全而平庸的

边阅读，边查阅，边记录

五、把学习心得分享到社交媒体上

编辑和分享内容的过程就是在梳理已学知识的过程，分享给他人也会产生“幸福感”，这种“幸福感”可以转化为我们继续学习和分享的动力。把读书学到的东西写成个小作文发到社交媒体上，比如微博或朋友圈。有没有（人）看并不重要，重要的是我们用这种方式锻炼自己的表达能力，利用这种“万一有人看”的心态让自己写得更清楚一些，把发状态当作是现学现卖的好机会。当然你也可以通过思维导图、写公众号、日记等方式记录，但我依然推荐把社交媒体利用起来。既然躲不开避不了各种信息，那我们就成为一名创作者。

六、合适的时候讲给别人听

“教”是最好的学。我每天都晨读英文，每周都尽量参加Toastmasters，通过这些机会把学到的内容和表达用出来。

七、看到别人推荐一本书，也尝试去读一读

我认为一个成熟的阅读者需要摒弃“好书”和“坏书”的分类。因为如果阅读可以带给你一个新知识、新点子，那这就是一本值得读的书——至于具体怎么读、花多长时间读那就是另一回事了。读一读你欣赏的人写的书，或他们推荐的书，让自己离你欣赏的人更进一步。

八、允许自己读不懂、读不完

阅读目的不是读完，然后发朋友圈，在阅读数量上+1。阅读主要有两个作用，娱乐消遣和解决问题，如果我们可以通过阅读获得了愉悦或者问题的解决，这就应该是成功的阅读。有的书在不同年龄和阶段读会有不同的想法，“读懂”不应该是结果，而是过程。

九、“忽悠”自己

想做好一件事，最重要的是找到源源不断的动力。你为

什么读书呢？可能除了增加自己的阅读面外，更希望自己在众人面前脱颖而出，受到关注。那我们完全可以用这个出发点让自己多读书。另外，我们要告诉自己，书可不只是为自己读的，我们的行动会影响到身边的人甚至是下一代，乃至整个社会。以色列学者尤瓦尔·赫拉利在《人类简史：从动物到上帝》中说智人就擅长创造各种概念。那就给自己的阅读“画个大饼”，这样就会创造使命感、责任感，天将降大任于你，先读读书吧。

十、少看“如何阅读”类的指南

阅读有方法也有技巧，但我们还未养成习惯。在真正践行前，先不要过多追求方法和技巧。过度追求“对的方法”反而会影响行动。我们能够阅读中文，把学习母语的经验迁移到外语学习上依然奏效。

如何利用中文译本提升英文阅读和写作？

想提升整体的英文能力，我一直推崇阅读原汁原味的英文书，不要读译本。主要原因是从信息获取的角度看，许多译本翻译质量不高，错误连篇，可读性差；从英语学习的角度看，错过了一个提升综合英语技能的机会，实在可惜。不过我现在的看法有些改变。

读原版书时适当参考中文译本可以帮助阅读理解，充当阅读训练初期的“拐杖”。许多英语学习者在读英文原版作品时，往往过于不求甚解，遇到读不懂的地方常会自然跳过，稀里糊涂地就读完了一本书。中译文虽然不够完美，但也是帮助理解的工具。我们可以在看过一个章节的英文后，快速翻一翻中文译本，一来是加深印象，二来可以检验自己是否理解正确。

当我读一本书时，常常会同时读中文和英文版，这样做主要有两个好处。

一、利用中译本的序言，快速掌握核心内容

许多中译本都会在“推荐序”和“译者序”中介绍作品

背景、主要内容，这些内容可以帮助我们快速了解作品，读起来的时候也知道哪里是“重头戏”，哪里比较“水”。

二、利用中译本练习回译，体会中英语的语言习惯，提升表达力

华东师范大学教授金雯老师在《被解释的美》中说：“整体提高英语能力的方法就是不断观察思考母语人士的书面和口头语言习惯，不断操练，举一反三。”这一点我非常同意。她提出了一个高段位自我突破的方法：“做长篇中译英练习，以翻译养写作。具体就是找一本优秀英语读物的优秀中译本，然后把译本回翻成英文，译完后与母语原版对照，寻找差距，思考不同点。比如一开始可以使用《格林童话》英文版和中文版做翻译练习。”

这样的练习会让你感到真实的提高，若只是自己写，进步不明显，你一般也得不到很好的反馈，花了钱也没用。

说说我对用翻译学英文的看法。拿阅读来说，很多人存在的一个误区是：我不会翻译，所以我读不懂这段话。而我认为：翻译的基础是“读懂”，真正理解了之后才能谈翻译，这时候翻译成什么样主要是看中文水平了（我们往往都高估了自己的母语水平）。有了一定基础之后，我们可以使用翻译的思路来学提高英文写作以及整体水平。

比如，耐克联合创始人Phil Knight（菲尔·奈特）在他的自传《鞋狗》（*Shoe Dog*）中，有一段的译文是这样的：

“我比任何人都起得早，在鸟儿鸣叫前，在太阳露脸前，

我会喝杯咖啡，吃片吐司，穿上自己的短裤和运动衫，系紧绿色的跑鞋，然后悄悄地从后门‘溜’出去。”

《鞋狗》的译者毛大庆先生不是专业翻译，这段话虽不够优美，但是整体上看是没有问题的。看到这段话你会如何译成英文呢？你可以动手写一写自己的版本，或者口述一个版本，然后与原文做比较：

I was up before the others, before the birds, before the sun. I drank a cup of coffee, wolfed down a piece of toast, put on my shorts and sweatshirt, and laced up my green running shoes. Then slipped quietly out the back door.

通过翻译和比较，我们可以更好地吸收英文文本中的知识点，让自己的表达更加灵活。

比如“我比任何人都起得早”可以直接说“I was up before the others.”就好，这就是英文中介词的灵活用法。“喝”“吃”“穿”“系紧”“溜”在原文中是“drank”“wolfed down”“put on”“laced up”“slipped”，简单、干脆、利落，画面感十足。

回译和背诵，可能是英语学习中最简单有效、及时反馈的学习方式。我们在阅读英文时，不妨找来它的中译文，从中选1到3句话做一下回译练习，然后把原文熟读成诵，让大脑中学习素材变得立体和结实。

再举一个例子。佛罗里达州立大学心理学教授安德斯·艾利克森博士的《刻意练习》（*Peak*）的中译本中有这样一段话：

“因此，我们在这里简单地总结有目的的练习：走出你的舒适区，但要以专注的方式制定明确的目标，为达到那些目标制订一个计划，并且想出监测你的进步的方法。”

我们可能会写成：So, we simply summarize purposeful practice as: Get outside of your comfort zone but also make clear goals in a focused fashion. Draw up a plan for reaching those goals and figure out a way to monitor your progress.

写完之后看一下原文，对比学习：

So here we have purposeful practice in a nutshell: Get outside your comfort zone but do it in a focused way, with clear goals, a plan for reaching those goals, and a way to monitor your progress.

通过对比，我们学到了“in a nutshell”这个表达，也学到了作者更简洁清楚有逻辑的表达方式：用with来连接，而不是用动词。这时我们就观察到了中英文的表述习惯不同。

译文中出现了“制订一个计划”“想出监测你进步的方法”，于是我就写成了“make a plan”“figure out a way”，这样写没有错，但是原文的写法更有逻辑和层次：有目的的练习最重要的是get outside of your comfort zone（走出你的舒适圈），但是这样还不够，还需要in a focused way（有专注的方式）。那怎么in a focused way呢？有goals（目标），有plan（计划），有a way to monitor（监视的方法）。

你会发现，无论是多么简单的一句话，想把它写得自然、地道其实都不容易。我们持续练习英语，无非就是把那些我们觉得别扭的地方变得不别扭。英语思维的培养无非就是观察、对比、理解和使用的过程。我们学语言一定不要有“标准答案”的思想，多想想“还可以怎么说”“怎么说会更准确”。

在回译的过程中有效练习了写作，我们也可以用这个思路来进行仿写。总之一个大原则是：先理解，分析结构，然后自己动手创作，最后进行比较、反思和学习。

这个方法也可以应用到口语的练习。见到有意思的中文就用英语在心里说一说，只要是持续积累，总有一天你会看到自己惊人的进步，并惊呼“原来自己也会讲地道的口语了”。

再举个例子。下面这几句话你如何用英语表达？

A. 你“死”定了。

B. 我去看他是为了忘记他。

C. 我累死了。

D. 别闹了。

我在看《老友记》（*Friends*）第二季第二集时，就学到了几句较为地道的表达：

A. You are dead meat.

B. For your information, I’m seeing him so I can put those feelings behind me.

C. This has been great, but I’m officially wiped.

D. Come on, cut it out!

所谓表达地道，无非是观察、体会和日积月累的结果。

最后想提醒大家，不要纠结于“哪种方法最好”“哪种方法最快”。优秀的学习者会根据自己的学习情况和需求，参考别人的方法，发明自己的方法。

有的人会选择看美剧练口语，有的人选择了去机构找外教；有的人背字典学词汇，有的人用App学习，也有人通过大量阅读积累词汇。这些方法本质上并没有优劣之分，关键是你如何使用。

如果你学了这么多年英语，还没有读过什么英文类的书籍，而且英文还不能脱口而出的话，你可能学了个假英语。别急，从一句话写起，从一本书读起，认真地对待每一个“此时此刻”。

我是如何读懂《经济学人》的?

2020年我一共写了51期《经济学人》的导读，每篇平均2000字，一年下来有10万多字。

本文不是捷径方法论，没有灵丹妙药。只是我读《经济学人》的心路历程，希望对你的英文阅读也有所启发。

我最开始是通过人人网知道《经济学人》的，上面有一个名叫孟庆伟的人在讲它。那时候孟庆伟在人人网有一个“品《经济学人》，习上乘写作”的专栏，我觉得内容挺高大上，于是也跟着读了起来。当时也把《经济学人》当成词汇书来学习。

2015年10月，我在汕头潮南支教，为偿还读研的学费贷款，我开始做英语学习社群。那时候还没有“知识付费”这个概念，我从0到1瞎折腾，赏析《经济学人》：每天一篇，讲字词句段到篇章结构。每篇会花至少3个小时读、解构、写、录音。

现在想想都不知道当初哪来的勇气。那时候“功力”尚浅，自己也有一些问题，只能硬着头皮逼自己现学现卖。两个月后，我赏析《经济学人》的“功力”大增。

我试着总结一下我读《经济学人》的学习历程，关键词有两个：模仿、践行。

对，就这两个，没有什么巧技。

模仿，指的是模仿过来人，模仿高手。当初我模仿的就是孟庆伟。我一直认为别人能做90分的事情，我努努力一定可以做到60分。抱着这种心态我开始观察、学习优秀人是怎么做的，主要观察这样几点：

（1）他注意到了哪些问题？这些问题对我们的学习有什么启发？

（2）他遇到了哪些难题？他是如何解决这些难题的？

（3）他的挑选、总结套路是什么样的？他这样做的目的是什么？

（4）我从他的总结中学到了什么？我应该如何模仿？

我看重的并不是这个人做了什么，而是为什么会这样做。在我看来，掌握了他人的解题思路、工具，才是最重要的。

我还记得当初在读孟庆伟的人人网日志时，我还做过一些个人思考：

孟庆伟为什么对英语如此感兴趣？

我的观察和总结：因为他很早就体会到英语是“有用”的，这对我的启发是英语要用起来，才能有持久的乐趣和持续学习的动力。

孟庆伟的英文是怎么练的？

我的观察和总结：他会主动用英语并且寻求母语人士的反馈，他会主动开设口语课、写作课以教为学，他会读很多书和文章。我也买了他在人人网里推荐的所有书，也一本本地“啃”完了。印象最深的还属被誉为“写作圣经”的*On*

Writing Well: The Classic Guide to Writing Nonfiction（《写作法宝：非虚构写作指南》）。

孟庆伟还有哪些值得我学习的品质？

我的观察和总结：他愿意主动帮助别人，主动分享自己所学的知识。也是在他的鼓励下，我开启了我的个人公众号。

通过模仿一个role model（榜样），我走上了一条“捷径”。上路后，我有了自己的具体问题和经验，也对别人的方法有了更深的认识。最终，通过改进别人的方法，再结合自己的特色，我也有了自己的方法论和学习系统。

读《经济学人》这几年，我从未向他人问过、纠结过这些问题：

读懂《经济学人》需要多少词汇量？

读懂《经济学人》需要什么水平？

要精读还是泛读？每天要精读几篇？

……

我不在乎读懂《经济学人》需要多少词汇量，也不在乎需要多少背景知识。我只知道不懂的就想方法弄懂，只知道不管是精读还是泛读，我都要读懂。

我至今也回答不了上面的这几个问题，因为在我看来，都是假问题。和我现在健身一样，在没有行动前，想太多只能延迟自己的行动。比如：每天要做多少运动？有氧还是无氧？体重到达多少才适合什么运动？是早上运动好还是晚上运动好？先别想这么多，动比不动强，在这个阶段，完成比完美更重要。

我如今也有很多“读不懂”的时候，不过大多数情况下我都能自己解决，这是因为在我的践行中，我会不断总结我的问题和解决方式。比如我会问自己：我为什么没读懂这句话？

是单词问题吗？

如果觉得是，就去查词典。在查词典的过程中我总结了一套词典方案：用“欧路词典”这样的在线词典加载各类词库，配合词条搜索，基本上可以解决90%以上的问题。

是语法问题吗？

我先观察这句话的语法特点，然后找语法类工具书查它可能是哪一类问题。在这个过程中我读了牛津大学出版社出版的*Practical English Usage*（《英语用法指南》）、剑桥大学出版社出版的*English Grammar in Use*（《英语语法在用》）等工具书，总结了一套不纠结术语、以实用为主的语法体系。

是背景知识问题吗？

别说读英文，读中文我也会有背景知识问题，所以我也不着急。现在这个年代，想了解背景知识动手搜一下就好。你可能觉得我懂得多，其实只是我平时多花了一点点时间进行搜索而已。

自己努力后还是没有解决的问题，我就会问别人，然后会进行反思：我为什么当时没读懂呢？是忽略了上下文语境，还是对某个词的用法没理解到位？我下次该如何独立解决这样的问题呢？

如果让我只给一条阅读建议，我会说：能自己动手的一定要自己动手。

在我看来，很多有关“打卡”“精读笔记”的方法都被玩坏了。我支持打卡的初衷是设立小目标然后坚持下去。我支持精读笔记的价值是把它作为自己的学习记录。但我强烈反对为了打卡而打卡，把别人的笔记当成依赖。

网上许多所谓的“精读笔记”大多是单词讲解加翻译。我不是很明白为什么要让别人替你查单词呢？为什么一定要翻译出来？为什么不自己动手查词典，然后把注意力放在“理解”上？只有完全理解了，才能去翻译。

优质的翻译和词汇讲解更像是“参考答案”，你需要自己做完题后再对答案。如果自己还没有做题就去看参考答案，到头来是不会有什么真正长进的。

别把让自己提升学习的机会拱手让人。

自己动手才会对所学的内容有物理记忆、有情感支持。你更容易体会到遇到问题的沮丧和解决问题的开心。而正是这些沮丧和开心，才让我们变得更好奇，更愿意行动下去。

英文有声书该怎么听?

现在有声书被越来越多的人选择，不仅仅是因为它方便，更能让我们用听的方式去培养我们的“阅读”兴趣。

一、为什么听英文有声书?

相比纸质书和电子书，英文有声书可以随时收听——一个降噪耳机加一个有声书App，立刻就能进入一个新世界。坐地铁、排队的时候不方便看书，这时候听书就很方便。我也常在睡前看会书，看困了就放有声书（设置定时关闭），听着听着就睡着了。

听有声书可以一石二鸟，它是阅读和听力的完美结合。从英语学习的角度看，听有声书对口语学习更有帮助。通过听，我们更熟悉英文的发音特点，更容易直接把它们变成口语素材。

二、在哪里听英文有声书?

听书的方式有很多。喜马拉雅等音频网站上有很多网友上传的英文书可以听，但是广告不少，音质也没有保障，我平时也不用。如果自己找不到音频，可以去某宝买。在这里我介绍一个我自己听英文书的App叫Audible。

Audible是亚马逊旗下的App，和Kindle上买的书可以无缝连接。Audible界面简洁，有清晰的章节划分，音质也好，可以倍速播放，听到有感触的地方还可以直接在上面做笔记。这些都满足了我对一个有声书App的期待。

但使用Audible有一些门槛和麻烦。

一是在国内使用Audible，有时候下载会超级慢。Audile上有声书也不便宜，和买一本纸质书其实没差太多。Audible的商业逻辑是希望你成为会员，成为会员后除了买书有折扣，每月还赠送credit（积分，会费不同，赠送的数量也不同）买书。

别贪心，其实你一个月能听完一本就不错了。而且也不要轻易相信有了Audible后，英文听力阅读都高枕无忧了。不会的，它只是个工具。

三、如何听英文有声书?

具体怎么听，取决于你的水平和目的，以下是我从英语阅读和语言学习视角做的总结。

英文有声书有难度。如果你现在读一本英文原版书还很吃力，你听起来应该更吃力。除了书中的生词，我们还会遇到各种语音现象（比如口音、连读）。这些困难很正常，是挑战也是提升我们的好机会。那该怎么解决呢?

我的方式是听、看结合。

根据自己的水平调整听和读的比例、顺序，基本模式可以总结为：

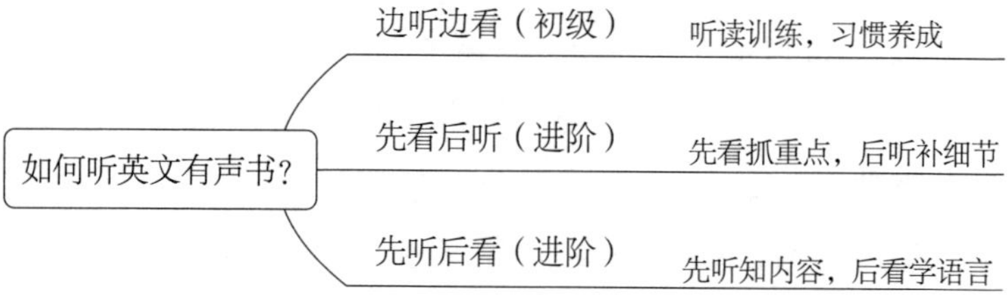

这个逻辑很好理解。当你读书和听书都很吃力时，那就把它们结合在一起。最好是倍速播放，让自己保持专注的同时训练阅读速度、观察语音现象。这个阶段可以先读一些自己熟悉（比如听“哈利·波特”系列，虽然难，但你可能知道发生了什么）、篇幅不太长的书（比如儿童作品）。

当你已经可以读一本全英文的书，这时候就可以利用有声书辅助阅读。先看后听的逻辑是自己先粗略看书，抓住它的重点内容，然后再利用碎片时间见缝插针地用听书了解细节。如果水平已经到达可以直接听书，那可以在听完后再有目的地看书，主要看自己听的时候那些没听清的地方，以及自己印象最深的地方。这样就能“听书，顺便学英文”了。

另外，要注意的是，和阅读中是否查词一样，听的时候不要遇到没听懂的地方就停下来和它较劲。过多的停顿会让你烦躁。如果听书太吃力，可以换一本更简单的书，或者“先看后听”。如果还可以接受，可以“少量多餐”——每次专注听1—2个章节，硬着头皮听，听完一遍再听一遍，最后再看看书。

四、如何选择英文有声书?

选择英文有声书逻辑结构也很简单。

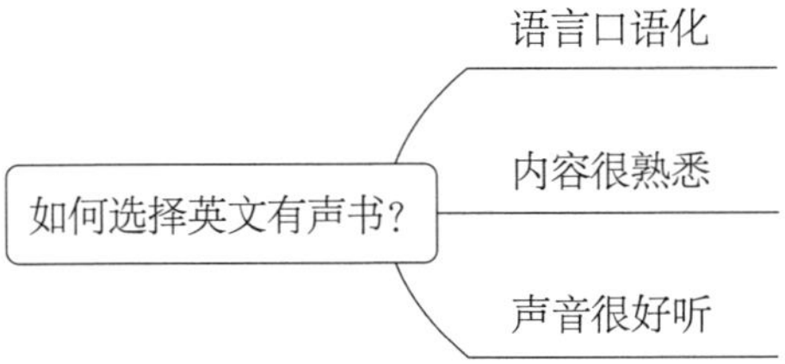

和前面的“怎么读”一样，选什么书取决于你的水平和目的，适不适合只有你自己知道。从内容上说，一本有声书和一本纸质书的选择没有区别，声音上可以在Audible上先试听一段。

我自己在听有声书时会优先选择：

（1）语言较口语化的书。比如Mark Manson（马克·曼森），Nicholas Sparks（尼古拉斯·斯帕克思）的作品，还有我经常推荐的《小屁孩日记》都属于这种类型。

（2）话题比较熟悉的书。我很喜欢听讲个人成长的书，很励志也很实用。和听力训练一样，刚开始先听自己熟悉的话题，让自己感受到“有用”，然后再试着读一些让自己没那么舒服的书。

（3）由专业声优朗读的书。如果朗读者是专业播音员或者演员，听起来是种享受。有些书是作者自己读的，比如特雷弗·诺亚的*Born a Crime*(《天生有罪》)，威尔·史密斯的个人传记《WILL：威尔·史密斯回忆录》，听这两个“戏精”给你讲故事比看书还过瘾。奥普拉·温弗瑞的*What Happened to You*(《你怎么了？》)，这本书是对话体，作者也是专业出身，听起来很享受。

App和任何工具一样只是辅助，你的学习和人生不会因为你花了点钱就立刻变得更好。有声书是阅读的辅助，也是提升英语听力的实战操练。早日培养读书的习惯，提升听书的能力，你会发现学习和思考可以随时发生，你也可以随时进入一个新世界。

仿写的正确姿势

你真的会用suggest造句吗?

模仿的前提是彻底理解原文的结构，掌握句式用词的语法特点。在一次晨读课上，我们一起学习《小屁孩日记》相关知识点，原文有这样一句话：“Mom suggested I take a look at the French horn, which she used to play as a kid.”

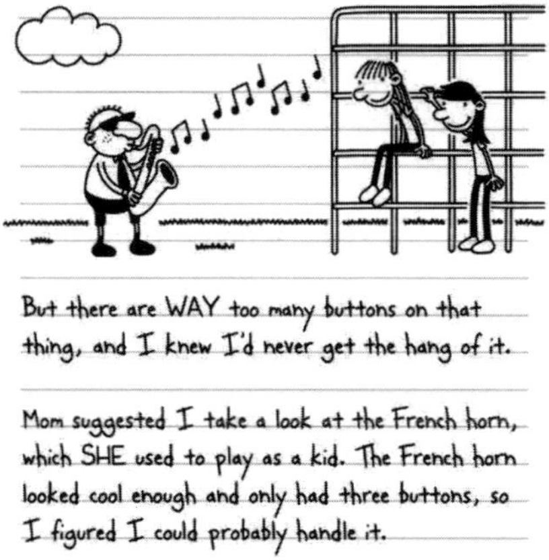

But there are WAY too many buttons on that thing, and I knew I'd never get the hang of it.

Mom suggested I take a look at the French horn, which SHE used to play as a kid. The French horn looked cool enough and only had three buttons, so I figured I could probably handle it.

《小屁孩日记》原文截图

读完这段话后，我请一位同学根据“Mom suggested I take a look at the French horn ... ”造个句，比如“Eric建议Lily看一

看法国号”可以怎么说？

她答道：“Eric suggested Lily to take a look at the French horn.”

这句话翻译是有问题的，因为suggest并不可以这样用。

我们在学习单词的时候除了不断查新词，还要注意复习和补充自己认为已经掌握的词。多问问自己“这个词我会用吗？”能否立刻说出这个词的“语法特点是什么？习惯搭配有哪些？”若答不上来或稍有疑问，就要去认真地查下词典。

《柯林斯高阶英汉双解词典》中对suggest有这样的解释，suggest后通常不能直接跟指人的名词或代词，一般要在这类名词或代词之前加介词to。不能说“suggest someone something”，而说“suggest something to someone”，例如“John Caskey first suggested this idea to me.”（约翰·卡斯基首先向我提出了这一想法。）

《英语常用词疑难用法手册》中又提到，中文很普遍的“兼语式”（“建议”某人去做某事）不能套在suggest上，也就是说，不能用“suggest somebody to do something”，要改为“suggest that”（that可省略），从句的谓语动词用虚拟语气（should + inf. 或inf.）或直陈语气都可以。例如：What do you suggest we do about it？（咱们对此该怎么办，你有什么建议吗？）

不查不知道，一查吓一跳。通过查词典我们掌握了suggest这个词的用法，了解到它和advise的不同之处，学到了“兼语式”这个概念。只有掌握了句型和语法的特点后，我们才能写出准确的句子。

但要注意，不是语法正确的句子都是符合母语人士表达习惯的句子。葛传椝先生在《葛传椝向学习英语者讲话》中有一篇题为“Knowing Just Enough Grammar to Go Wrong”的文章提醒我们别纠结语法，记住地道表达即可。他说：

There are several forms of expression that are purely idiomatic and do not admit of grammatical analysis. The word “busy”, for example, may be used immediately before a gerund looking like a participle, as in “He is busy writing letters.”

In your reading, reader, take care to note down those idiomatic constructions that you do not find grammatical enough. Commit them to memory and try to use them in your writing.

想让自己的表达准确地道，除了了解基本的语法外，我们要特别记忆那些自己读得懂但是“觉得别扭”的表达（前提是这个表达正确无误）。

例如，“我从未想过”这句表达我们可能会说“I never thought of/that ... ”英文中也常用“It never occurred to me that ... / It dawned on me that ... ”遇到这样的表达就把它背下来。如果你想问“这个位置是空的吗？”我们可能会说“Is this seat empty?”而一个母语人士很可能会说“Is this seat taken?”

我们要保证自己写出来的、说出来的句子都是自己读过的、听过的。例如be busy后接现在分词，记住这么用就好了！接触多了会发现更多类似这样的句子：“Do you have difficulty getting up?”“We had a hard time getting here.”我们仿照这个句型来造句即可，至于为什么是这样的语法并不那么重要（能查清楚当然更好）。

还要注意，仿写要灵活处理，不要生搬硬套。美国明星博主马克曼森所著的 *The Subtle Art of Not Giving a F*ck*（《重塑幸福》）中有这样一段话，见下图中突出文本部分。

CHAPTER 8

The Importance of Saying No

In 2009, I gathered up all my possessions, sold them or put them into storage, left my apartment, and set off for Latin America. By this time my little dating advice blog was getting some traffic and I was actually making a modest amount of money selling PDFs and courses online. I planned on spending much of the next few years living abroad, experiencing new cultures, and taking advantage of the lower cost of living in a number of developing countries in Asia and Latin America to build my business further. It was the digital nomad dream and as a twenty-five-year-old adventure-seeker, it was exactly what I wanted out of life.

But as sexy and heroic as my plan sounded, not all of the values driving me to this nomadic lifestyle were healthy ones. Sure, I had some admirable values going on—a thirst to see the world, a curiosity for people and culture, some old-fashioned adventure-seeking. But there also existed a faint outline of shame underlying everything else. At the time I was hardly aware of it, but if I was completely honest with myself, I knew there was a screwed-up value lurking there, somewhere beneath the surface. I couldn't

《重塑幸福》内文截图

我的一位学生觉得“But as sexy and heroic as my plan sounded, not all of the values driving me to this nomadic lifestyle were healthy ones.”这句话很好，他想模仿，于是给我看了他的总结句型：As A as B sounded, not all of the values … were healthy ones.

然后造句：As wonderful and splendid as the total lunar eclipse

looks, not all of the things in our life making us sorrow and happy are perfect ones.

这样的模仿我认为有问题。首先原文的句子是和上下文连接紧密。它的使用前提是基于某个语境才能使用，我们造句的时候首先要确定语境是什么。其次，自己造的这个句子内容空洞，语法有错误（sorrow用得不对，这里应该用形容词而不是名词）。

如果让我来模仿这句话，模仿前我会这样想：

（1）这句话好在哪里？如果想表达同样的意思，我会怎么写？他这样写是不是比我更地道？

我可能会写成：Although my plan sounded sexy and heroic, not all of the values that drive me to this nomadic lifestyle were healthy ones. 原文用到了as和driving做修饰语，并且把sexy and heroic放在了前面，这样的处理使得上下文更连贯，我应该学习。

（2）我可以在何种情境下使用？如何把这个语法点用在我的口语和写作中来？

例如，我一下子想到"怀才不遇"是不是就可以写成"As talented and knowledgeable as he is, fortune never favored him.""骑白马的不一定是王子，也可能是唐僧"是不是可以写成"Not everyone riding a horse is a prince. Chances are he's a monk."这样的例子对我来说很有趣，可以加强我的记忆，同时让我在用到它们的时候可以很快从中文转化为英文。

从"我会怎么写"到学习"别人是怎么写的"的过程是由"写得正确"到"写得地道"的转变。同样一个意思，我们可以有N种表达方式，先说正确、清楚，然后再说得地道、有意思。

了解语法，勤查词典，确保我们写的句子是正确的。通过阅读和模仿，体验觉得别扭的表达，让表达更符合母语人士的表达习惯。

除此之外，还要学会去使用。如果你背过的、仿写过的文字不能有效地用起来的话，你很快就会忘记。另外，如果你的所学不能给你带来乐趣的话，你学习的动力也会逐渐减弱。

在使用英语的过程中，有很多说错、卡壳、尴尬的时候，但是它们都是刺激我持续学习的动力。每当我学到一个词或者一段精彩的话的时候，我就会想：下次晨读活动或者演讲的时候，我要争取用上它！有了这个想法，我学起来就更有动力，更高效。

Remember that language is a means to communicate. The only way you can fail is if you don't try to communicate at all.（值得牢记的是，语言只是一种交际手段。你失败的唯一途径就是你根本不想去沟通。）如果你想用英文的话，方法总比困难多。例如，你可以花钱参加1对1的外教网课，或者不花钱在网上找语言交换的语伴，又或者每天逼自己写英语日记，哪怕只有一句话也可以。用英文发发朋友圈或微博（确保你写的是正确的），翻译一段你喜欢的话。

学语言最好的方式不是去“学”，而是live it（享受其中），把它变成一种习惯。仿写的正确姿势我认为总结起来是：把查词典、阅读（其他输入形式也可以）和使用变成习惯，让孤独的单词语法和你的想法成为朋友。

为什么我不建议读双语文章?

曾经和一位读大三的学生聊天，她不是英语专业，但专业四级考了87分，这是一个很好的成绩。聊到英语学习，她说最主要的问题是阅读速度慢。

于是我问她平时读什么书，读过多少原汁原味的书刊。她说跟着网课读过两三本原著，日常主要读一些双语文章。

于是我提了两点建议：

（1）因为读得少，所以还没养成习惯，自然读得又慢又辛苦，简单说就是熟练度不够。先不追求任何学习方法，用最朴实的方式先读几本英文原著（先不要读文学作品，推荐先读畅销书）。

（2）双语文章有帮助，但是极其有限。如果你已经有了基本的阅读能力（比如过了四六级），想提升英文阅读能力，我不建议读双语文章。

为啥我不建议读双语文章呢？或者说，你有没有想过为什么要读双语文章呢？它的利与弊是什么？下面是我的一些想法。

如果你想练习翻译，探究中英文语言特点，双语资料是非常好的素材；成年人刚开始学英语，在入门阶段，有中文翻译作为辅助也有助于自学。

如果你的目的是快速获取信息，双语资料也是极佳的素材，我们不能只读中文，也不要只读英文。而是哪个方便，哪个资料更丰富、更靠谱，我们就多读哪个。

但是如果你已经有了不错的基础，学习需求是提升阅读能力，想像读中文那样读英语，真正提升阅读能力（注意前面这一系列限定条件），我不建议读双语资料，它在提升能力方面非常有限。

本质上，读双语文章和看带有中文字幕的美剧存在一样的问题：看起来省事、轻松，但容易产生学习幻觉。

想真正提升阅读理解力就要主动摆脱这个拐杖，把它当作练习册后的参考答案对待就好了。

如果在阅读过程中你没有自己查词典、没有搜索资料、没有发现问题并及时解决、没有把所读内容用自己的话讲出来，这就不是“主动阅读”。

更好的做法是：当自己在阅读和查阅中遇到不懂的地方时，先试着独立解决。解决不了，如果还有条件的话，可以看一下翻译（前提是要靠谱），如果没有翻译可以向别人提问。提问时你要说明自己的问题，不要说“这句话怎么翻译”，而是“我的问题是……我查了……我依然不懂的是……这个地方”。只有这样，阅读能力、解决问题的能力才会提升。

双语版本的中文翻译很多时候充其是个漂亮的拐杖。但是你腿脚要是没什么问题，为啥要拄拐？何况很多翻译是“三无拐杖”，拄久了就不会正常走路。

主动锻炼自己的学习肌肉，习惯读大段英文，习惯查词典，学会观察别人的方法，学会提取问题和提问。只有这样，我们才能真正“用”英语，而不是“学”英语；只有这样，英语才能有用，我们的小世界才能多那么点自由。

学英语一定要背诵吗？怎么背？

如果学英语有捷径，我认为那就是：背诵。如果还想更快、更有效，那就是：真的背诵。

在学习语言的过程中，我们其实一直都在背诵。一边大量输入可理解的、正确的语块组合，一边高频地使用、试错、修正，最后熟练掌握一门语言。母语和学外语皆是如此。

背诵是为数不多的能够获得及时自我反馈的学习方式。通过背诵我们能避免错误，发现基础知识的盲点，比如冠词的使用、搭配、习惯表达，都可以在背诵中学习、内化。

在《鞋狗》中有这样一句："What better way of connecting, shoe dogs thought, than by refining the hinge that joins each person to the world's surface?"

这段话中，"What better way … ?"是我没有见过、读起来觉得别扭的表达，弄清楚了它的意思后我就把它背下来了，以后想表达"……是最好的方式时"就可以套用，既准确又地道。

背诵可以帮我们积累高质量的表达素材。

葛传椝先生在《葛传椝英语写作》中谈到如何提高写作时，提到了他的两个法宝——"我见过没有"和背诵。

（1）要想写得“通”，就必须依照习惯用法，习惯用法又没有规则，没有公式。所以我们在写每句话后要问自己：我见过没有？倘若自己见过的，就可以用；倘若自己不曾见过，就不可用；倘若说不定见过或不曾见过，还是不用比较妥当。

（2）背诵不但可以帮助你避免错误，而且还可以帮助你积累表达。牢记着许多语句，就能够“左右逢源”，而不是“左右为难”。

背一句便有一句的益处，背两句便有两句的益处，背多了就有话可说，背顺了口，想写错说错都难。通过背诵可以增加表达素材，提高语感。因为背的东西是正确的，用起来也自信。

那么要如何选择背诵材料？

背诵的目的是把知识占为己有，学以致用。在保证语言准确、地道的前提下，背你觉得最能用得上的、特别想背下来的词句和段落。当你看到一句或一段你特别喜欢的话时，脑海里立刻浮现出一个使用场景时，就可以把这段话背下来。

我比较喜欢背一些口语化的表达，因为它们够实用、接地气。比如几年前我在看电影 *17 Again*（《重返十七岁》）时就背过这样的一段话：“When you’re young, everything feels like the end of the world. It’s not, it’s just the beginning. I mean you might have to meet a few more jerks. One day, you’re gonna meet a boy who treats you the way you deserve to be treated, like the sun rises and sets with you.”

读完这段话，是不是觉得用来安慰失恋的朋友时可以用得上，顺便还掌握了这些常见语块“the end of the world”（世界尽头），“might have to”（也许必须），“treat you the way you deserve to be treated”（以你应得的方式对待你），把它们背熟，遇到合适的场合就把它们云淡风轻地背出来。

每年的“双十一”，我就会想到电影*Fight Club*（《搏击俱乐部》）中的一段话，语境特别，读完很快就记住了“We buy things we don’t need with money we don’t have to impress people we don’t like.”（不理不爱之人正如不买无用之物。）

如果你觉得某一个单词用得好，不要只记这个单词，而是要把它在词典中的实用例句或原文中的句子背下来。

我在读林语堂先生的《苏东坡传》时就记住了两个漂亮的词mellow（使成熟）和sour（变坏）：The human spirit in Su Tungpo was mellowed, not soured, by his many troubles.

《经济学人》中也有一句：“A brake in demand for cars in China caused Jaguar Land Rover to plan a two-week closure of its main assembly plant in Britain.”

这句话中，我背了“A brake in demand for cars”，这里的brake用得太应景了，本意表示“刹车片”，在这里用来表示汽车市场的低迷。

举这几个例子无非是想说，无论你读到的是原版书还是外刊，抑或你听到的是美剧还是播客，去背那些很惊艳的表达，或者你希望在对话中能够脱口而出的句子。量不需要多，但是质量一定要保证，因为背一句顶十句。

日常可以找一些名人名言、经典台词背，练发音和语调节奏的同时体会用英语的快乐。就像下面这种：

那要怎么背？

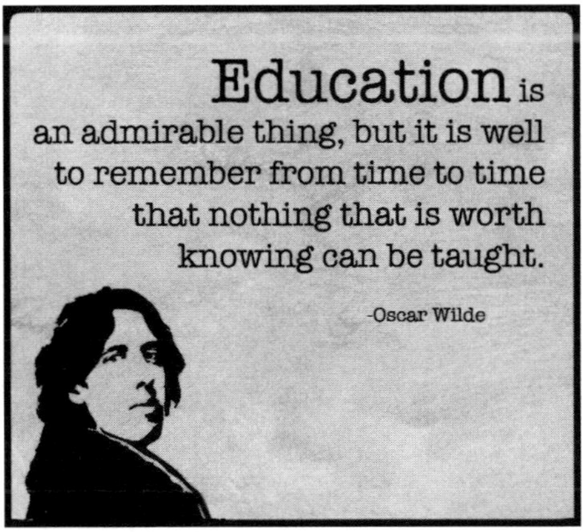

奥斯卡·王尔德有关教育的名言

找到了自己喜欢的素材后，注意切勿死记硬背，即不要在没有完全理解语意、弄清楚发音的情况下背诵，这样的背诵是极其低效、痛苦，甚至是没有意义的。

背诵的目的是使用，如果你背的东西没法用的话，背诵就失去了价值。

实际上，背诵是把一整个信息大卸八块，然后再重新组合的活动。本质上和你把一个电子设备拆开再重新安装是一个道理。

因此，我们在背诵时首先要百分之百读懂一段话中每个单词和每句话，其次要注意每句话之间的逻辑关系。这时你的脑袋里会有一幅清楚的地图，它会帮助你记忆。

最后，注意这段话中的细节：比如语法上要注意冠词、连接词的使用、单复数的变化，保证语言的准确；发音上要力求准确，这样一是可以通过语音辅助记忆，二是背完之后真的能立刻用起来。

背诵过程：（1）弄懂意思和弄清发音。（2）理解框架和逻辑。（3）注意细节。

这里特别提出一点，如果你保证背诵的材料是准确的，背诵时不要过于纠结语法。

比如“All I can do is pray.”这句话，先不用纠结“为什么可以这么写”，你只需要知道“All I can do is”后可以直接加动词”这种现象就可以了。先接受这种现象，然后再去查这一类写法有没有什么规律。

检验背诵的方式有很多：让别人考你默写、给自己录音等。在此我分享一个方法：用微信练背诵。操作很简单：（1）打开微信，进入与“文件传输助手”（File Transfer）的对话框；（2）点击“+”，使用“语音输入”（Voice Input）功能；（3）按住麦克按钮，对着手机背出你刚刚背的内容。

通过这种方法可以检验你是否背下来的同时，还能检验你的发音是否足够准确。使用微信的原因是比较方便，也便于复习。

那背不下来、背得慢怎么办？

找到自己真心喜欢的、能用得上的素材，在理解的基础上背诵后再试试，一定会有不一样的感受。而且你一定要相信自己可以背下来。无论你记忆力多差，你都可以背下来。别还没开始背呢，就先认㞞了，这样不战而败的态度是怯懦、没出息。

背得慢也不要紧，那就多重复。10分钟背不熟，那就多背10分钟。把要背的段落设成手机屏保，看到了就要求自己背一遍，只要你想背一定可以背得下来。正是因为背得少，所以才背得慢，那只要多背就能把速度和质量提上来了。

背完没多久就忘了怎么办？

遗忘是再正常不过的现象，想要不忘就要复习。最好的复习方法就是把背过的东西用起来，不但可以获得学以致用的成就感，也会有用不起来、用不好的挫败感，这都是背诵的动力。

比如写作中你为了写正确会复习所学，有足够的时间去查阅之前背诵过的素材，这时候背诵的作用是帮你快速找到信息，强化记忆。在与他人聊天时就可以用背过的句子和表达，把它们激活。如果发现有“书到用时方恨少时”的尴尬，那就之后把这个句子和表达再复习一遍，争取下次不掉链子。

其实忘了所背的也没什么大不了，因为通过输入和输出你已经内化了一段素材。你可能忘了原句，但是那个逻辑结构、固定表达、语法细节都还会记着，这就足够了。

如果忘了，就通过搜索找到它再背一遍。学习就是在忘记、复习、重复的过程中产生的。也就是说，背的目的不是“不忘”，而是创造记忆节点，知道这句话这个用法的存在。在需要的时候能想到它、找到它、利用它。

背过的那些词句段都是我们的老朋友。我们可以和它们约个“局”叙叙旧，它们也会常主动找上门来喝杯茶，哪怕许久没有联系，但情义一直也都在。只要你保持一定量的输入和使用，它们就会一直陪在你身边，做你的闺密和“老铁”。

没有什么事是“一定”要做，非学不可的。“The end justifies the means.”（只要目的正当，可以不择手段。）背诵是学外语路上的基本功，也是捷径。如果你还什么都背不出来，别想太多，从真正背下来一段话开始做起吧。

你一定要学会查词典

叶子南先生在《英汉翻译对话录》中说："我们手中的一本本词典是否能为我们提供帮助，在很大程度上，要看我们自己能否善于使用它们。善于使用词典的译者可以使用有限的词典物尽其用，不善于使用词典的人则可能浪费了本来是唾手可得的丰富资源。"

翻译如此，日常学习英语更是如此。学会查词典是英语学习的基本功之一，是一项容易被忽略的学习技能。

一、我在手机上用哪些词典?

其实在手机上查词典不如电脑方便，很多时候我们也只是需要了解一下这个词什么意思。我认为安装4个词典就可以解决90%的问题：一本英英词典，一本英汉双解词典，一个网络词典，一个发音词典。对于大部分英语学习者来说，一本英英词典和一本英汉双解词典就足矣。

这几个词典可以单独下载应用程序，也可以使用欧路词典、MDict（一种跨平台的电子词典软件）这样的软件加载词库实现同样的效果。

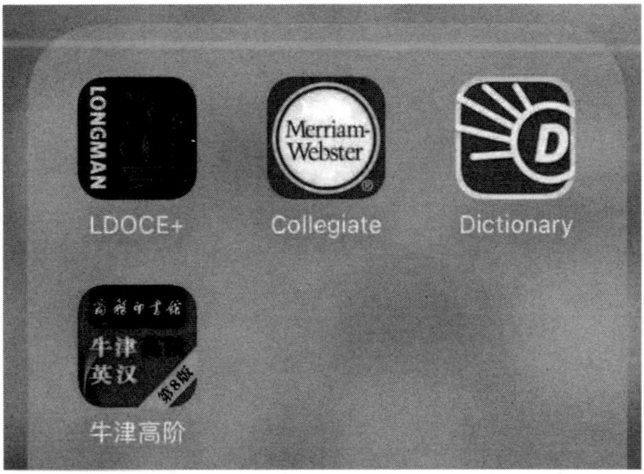

我下载的一些词典 App

用《牛津高阶英汉双解词典》可以快速了解中文意思；用 *Longman Dictionary of Contemporary English*（《朗文当代高级英语辞典》）查英英释义；用网络词典The Free Dictionary（thefreedictionary.com）查专业词汇（比如法律、金融术语）；用 *Merriam-Webster's Dictionary*（《韦氏英语字典》）查美式发音。

我们为什么一定要用英英释义呢？主要原因是用英英词典可以找到“解释性定义”。正如叶子南老师在《英汉翻译对话录》中所说，“这种解释性定义可以给译者充分的想象空间和足够的选择范围。借助这个解释性的定义，译者就可以找到一个更合适的形容词。”充分利用英英词典可以帮助译者充分发挥想象空间。

这本书中还有两个例子可以说明英英词典的必要性。第一个例子是，书中提到英国王妃戴安娜时用了一句：“Her in-laws could be vindictive.”

这里的vindictive在词典中一般译为“复仇的”“恶意

的”“怀恨的”。不过在语境中，用这些词表示她和皇室的关系都不贴切。查英英词典会发现vindictive有“unwilling or unable to forgive or show mercy”的意思，因此可以理解为“不够宽容”“过于计较”，这样更贴近原意。

第二个例子是：“Richard Nixon puts Bill Clinton in perspective. Here we are. … All of which, of course, is true. Then along come about 201 hours of new Nixon tapes, and suddenly Clinton’s sins shrink.”

如果只是根据perspective在词典中的意思，我们可能会把第一句理解为“尼克松可以把克林顿摆在一个合理的观察点上”，这完全是不知所云。不过当你再看英英释义的话，我们就知道perspective有“the way in which a matter is judged, so that proper consideration and importance is given to each part”的意思，根据这个意思我们可以把原文理解为“只有把尼克松的所作所为和克林顿的相比较，才能对克林顿有一个合理且公正的评价”。

同时也要注意：在一些专业领域，比如科技类语篇中，英英词典用处并不大，像monitor就是“显示器”的意思，我们可以找到完美对等物，在这种情况下就不需要英英词典。

二、我在电脑上用哪些词典?

我会选择用欧路词典加载词库来高效、深入、综合地查词，从一个词出发学习更多表达含义。关于哪个词典好的问题，大家上网搜一下就可以了解到相关信息。先说一下这些词库选择背后的学习思路。

我在查一个词的时候，是希望可以有以下效果的：

权威的双解释义，帮助我了解这个词可能对应的中文是什么；

有一个接地气的解释，帮助我记住这个词；

词条多，包含了一些用法比较特殊，年代久远的词；

了解这个词如何和其他词搭配使用；

比较“学术”的解释，释义比较“高大上”，这样我就可以通过查词来学习更多的词；

了解这个词的近义词辨析；

了解这个词的语法特征，使用起来需要注意些什么；

帮助我了解“这个表达还可以怎么说”“和它相反意思的词怎么说”；

通过查单词提高自己的“描述能力”，哪怕我忘了这个词，我也可以用更简单的词把它描述出来；

三、这个词是怎么来的?

看到这里你可能已经看不下去了，心里想：你怎么这么多要求？好麻烦啊！其实一点也不麻烦，稍微做点功课就可以找到符合这些要求的词典，把它们放在一起，查词的时候，按照自己的需求组合使用就好了。

我最常用的词库有：《朗文英汉双解词典》《柯林斯高阶英汉双解词典》《牛津高阶英汉双解词典》《英汉大词典》《牛津英语搭配词典》《英语常用词疑难用法手册》《葛传椝英语惯用

法词典》; *Merriam-Webster's Collegiate Dictionary*(《韦氏大学英语词典》)、*Shorter Oxford English Dictionary*(《牛津英语词典》简编版)、*Roget's International Thesaurus*(《罗热国际英语同义词词典》)、*Macmillan English Dictionary*(《麦克米伦词典》)。

这些词典都可以在网上找到。词典背后是我的学习习惯，不是每一次查词都要用到所有词典，而是从学习目的出发有更多选择。

同义词词典Thesaurus，用它可以丰富我们的措辞，也能用来复习单词。威廉·津瑟也在《写作法宝：非虚构写作指南》中提到了利用Thesaurus的重要性，他说“The Thesaurus is to the writer what a rhyming dictionary is to the songwriter.”有时候他为了推敲一个词的使用会翻上几个小时。查词时多花一两秒看看同义词词典，脑袋里的词慢慢地也开始变得枝繁叶茂。

《英语常用词疑难用法手册》和《葛传椝英语习惯用法词典》这两本词典都被热心人士做成了词库的形式，有了这两个词库，就如同有两位大师给你实时答疑一样。

比如，*The Wizard of Oz*(《绿野仙踪》)中有这样一句话：“The waiting was tiresome and wearing, and at last they grew vexed that Oz should treat them in so poor a fashion, after sending them to undergo hardships and slavery.”

这里的should是什么意思？陈用仪在《英语常用词疑难用法手册》中给出的解释就非常好：

既然should在中国人习惯的认识中，常常带有“应该”的意思，一遇到没有“应该”的意思也用should，心理上就容易别扭。这样的用法，源于拉丁语的“虚拟语气”（subjunctive mood）。凡是表示评价或情感时，用从句叙述引起这种评价或情感的某一事实，这个从句的谓语动词，按我们中国人的直觉理解，既然是事实，就应该用直陈式。但是，许多欧洲语言却不用直陈式而用虚拟式，英语在一定程度上也受此影响。在表示对某事实的看法或感想时，陈述该事实的从句在英语就用虚拟式。【例如】I regret that he should be so stubborn. 我很遗憾他竟如此固执。/I was shocked that she shouldn't have invited Stephen. 她竟然没有邀请史蒂芬，我赶到很惊愕。/I'm sorry you should think I did it on purpose. 我很遗憾你竟然认为我这样做是故意的。/Do you think it's normal that the child should be so tired? 你觉得孩子这样是正常的吗？

还有《牛津英语搭配词典》（*Oxford Collocations Dictionary*），我认为它是学习英语必备工具。例如operation（手术）这个词要和什么样的形容词、动词搭配使用，查一下便知道，“小手术”可以用small/minor，大手术要用major。患者进行了手术可以用动词have/undergo，而医生动手术可以用carry out/perform。越是简单的地方也是越容易忽略的地方，operation后既可以加介词for也可以加on，但两者的细微区别你能说出来吗？

总之，词典毕竟只是一个工具，我们并不需要在所有的词典上把每一个要查的词都看一遍，而是要从我们需求出发，灵活地使用。另外，在给词库排序的时候也要考虑到我们的需求，分清优先级。

你还可以用欧路词典或者MDict这类软件来加载词库，至于加载方法网上很容易找到。可能开始你会觉得麻烦，不过用起来之后，你会发现学习英语像打开了一个新的世界一样。

除了利用这些词库，我们还要用活词典：

Google（谷歌）或同类的搜索引擎；

网络词典（例如thefreedictionary.com, dictionary.com, Urban Dictionary）；

英语交流论坛（例如WordReference.com, english.stack-exchange.com）；

语料库，例如美国现代英文语言资料库Netspeak（http://www.netspeak.org）；Linggle（http://linggle.com）。

比选择用哪些词典更重要的是如何把它们物尽其用，希望大家都能按需选择使用，把词典用好。很多时候你看不懂的句子、不理解的段落我可能也看不懂，不过我相信只要有网络、有词典、有工具书，就能解决至少90%的问题。我能行，你当然也可以。

最好的英语学习教材就在生活中

我从2014年开始写文章，创办公众号“英语学习笔记”，目的是想记录平时看到的、听到的真英语。那时候我在美国读书，到了真正用英语的环境才深感用时方恨少。于是开始笨鸟先飞。除了课业，自己还订阅了《时代周刊》《经济学人》，天天蹭学校免费的《纽约时报》和房东订阅的《华尔街日报》，一学期下来我的阅读能力大增。

还有特别重要的一点是，我特别愿意关注生活中的英语。

比如去超市时，会特别注意标签上的名字，我也是在超市学会了牙线的英语是floss；每次去餐馆时会先把英文菜单拍下来，还记得在学校的一家中餐馆学会了water chestnut（荸荠）。留学两年，养成了看包装袋、广告标语的习惯，回国时带了满满一箱子各种博物馆和国家公园的介绍手册，以及信箱里收到的各类广告传单。

学语言的乐趣就在于它是生活的一部分。最好的语言学习素材也在生活中。我到清迈生活后才开始喜欢户外活动，买了不少露营设备。每次拆开快递，第一件事就是读读里面的说明书，每一次都能学到些新的英语知识。

比如：

张海露Eric

21-8-12 from iPhone SE

看包装盒学英语。tetra应该是来自tetrahedron，四面体。类似的常见词缀还有quadri-。hexa-是6个，比如hexagon就是六角形，类似的"五角大楼"是pentagon。

张海露Eric

8-8 12:54 from iPhone SE

买了罐小苏打，随手学英语。注意这里的produce/residue的发音，几个常见动作shake on to/rub/rinse/sprinkle/agitate

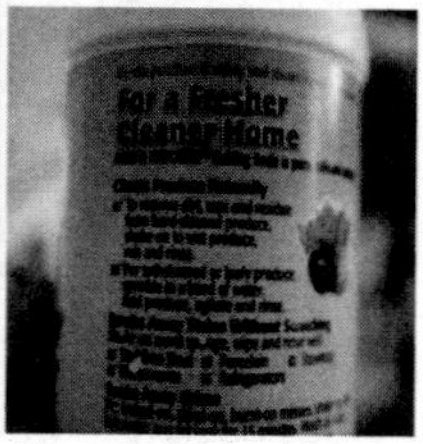

边拆包装，边用微博分享知识点

一天，我在商店买了一把斧子，里面的品牌介绍又吸引了我。

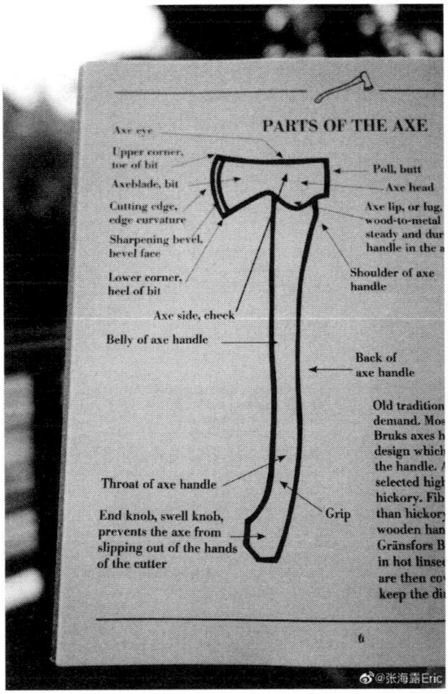

斧子的说明书

我津津有味地读了半天。才知道butt/mouth/throat/shoulder/bit/belly原来还能这样用。

类似的还有一个保温杯的说明书。

里面的几行小字引起了我的注意。第三行“Dishwashers may prematurely age components.”中的age用作动词，搭配prematurely使用可以理解为“减少寿命”。

最后一行“Always respect hot liquids.”中的respect，可能你第一反应是“尊重”，那整个句子是什么意思呢？“尊

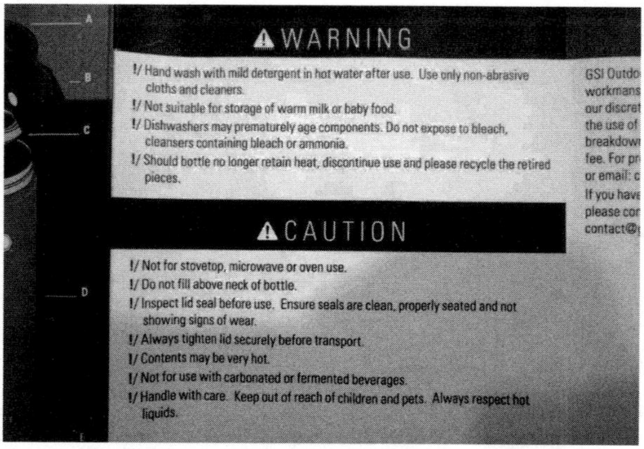

保温杯的说明书

重”的意思也不通，于是我动手查了查词典，发现respect作为动词时表示“to be careful about sth”也就是“慎重对待”的意思。你看，通过这样一个小例子就加深了对respect的理解。

同样的例子，还有一个Yeti杯子的说明书。

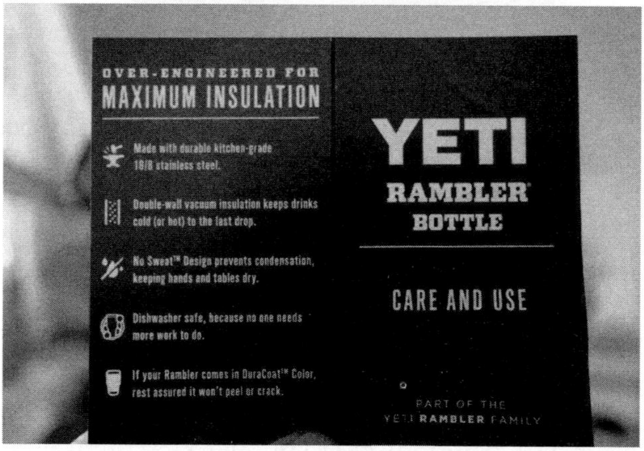

杯子正面的英文说明

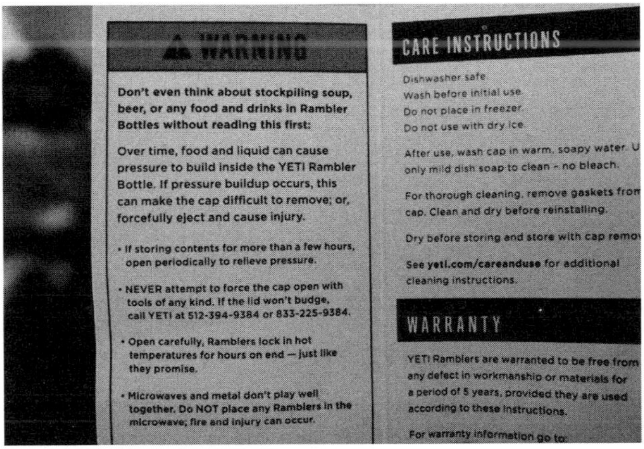

杯子反面的英文说明

说明书的左上角写着“Over-engineered for maximum insulation”，这里的over-engineered可以理解成“为了让保温效果最大化，你知道我们背后花了多少工夫吗？你买这个一定物超所值”。

下面那句“Double-wall vacuum insulation keeps drinks cold (or hot) to the last drop.”才是最打动我的表达，你读过之后，是不是觉得比直接说“特别保温”更让人有购买的欲望？

看到反面时，我出声地读了一遍，里面没有特别复杂的表达，但我又顺便复习了on end（连续的）和X and Y don't play well（X与Y相抵触）这些常见又实用的说法。

地铁、机场里的播报也是练习听力和模仿语音的好素材，天天听这些播报的你真的会脱口而出吗？把手机或者软件语言设置成英语，慢慢就会转化成自己的语言。超市里、家具店、网上海淘……知识点就埋伏在生活中的各个角落。

无论学什么，想学到更高的程度就一定要花工夫。学习的乐趣也在于此。我这几年最大的感受是：最重要的不是最终学到了什么知识，而是通过学习认识了自己、学会了学习。

不要把“我没有语言学习环境”当作借口，不用四处找人求推荐什么是“最好的学习素材”。把兴趣爱好、日常生活和语言结合，让语言学习为生活添一束光彩。

你常问的“……用英语怎么说？”

一次，和朋友一起出去带娃。孩子在一旁玩耍时，朋友来了兴致，想让我教她点儿实用英语。我问她想学什么方面的，她想了想说：“‘我想换张新电话卡’用英语怎么说？”

我没有直接告诉她可能的说法。因为词汇和翻译易得，难的是问题背后的思考。我便问：“这是什么样的场景？你说这句话的目的是什么？对方可能回复什么，然后你又如何应对？”

要知道，口语练习的重点是对实用场景的“模拟”和“预判”，然后才是词汇和语法。若是只盯着“……怎么说？”很容易只见树木，话说半截就开始慌。

她说想到现在的电话卡网速太慢，想换一张网速更快的卡。我说你的核心诉求是让网速更快，但这不一定非要换卡是吧？你直接说换张新卡反而可能会让沟通变得复杂（尤其是对方的英语也不太灵光时）。一个简单的沟通套路可以是这样：

（1）说明来意。比如“I need your help with my SIM card.”

（2）说明问题。比如“The internet is so slow. I want it to be faster.”（这位朋友英文比较初级，我会尽量用最简单容易记住的实用说法）。

（3）提出可能解决方案（如果有）。比如“I’d like a new SIM card.”或者“I’d like to change the internet plan.”如果没有就可以说“Would you please help me with that? Do you have any ideas?”

我还提醒她需要别人服务时，多说几个please和thank you——我们说外语时很容易忘记多用礼貌用语。自己真诚表示感谢，他人觉得受到尊重，彼此舒服，事也可能办得更顺。

这样简单的一个问题，背后也可以总结出套路和策略。我们很多时候说自己口语不好，不是差在词汇量和语法上，是没有想清楚自己的需求是什么，无法判断别人需要哪些信息。

从这个角度看，学习语言练习说话的根本是训练情商（在此表示对自己和他人情感的感受力）、同理心。也只有体会到这种语言带给自己的觉察和思考，才能不断试错练习、原谅、改进、重复，乐此不疲。

“我就是学不好英语啊！”

在清迈，会有很多机会遇到不同职业的人。记得有一次，我和一位陪读妈妈聊天，因为她知道我是学英语的，所以她分享了最近学习的新词cable（网线）。她很疑惑地问我：能不能用line或者rope替代？

从这个小问题出发，我跟她分享了我的一些想法：

一、学语言，少讲道理

语言多是约定俗成，不是数学公式，用得多了就这么用了。初期学习英语如果把注意力花在“为什么”上会很痛苦，见识多了自然就找到了规律，也有能力通过查询搜索研究为什么。

金克木先生在《书读完了》中说过，学语言是不需要过于钻研，以学生为主，让教学有趣，不要求讲道理。分享一段金克木先生的话：

“学外国语是学第二语言，又和小孩子学第一语言不同。当然都有共同点，但就不同点说，学语言不是靠讲道理，不能处处都问为什么，这个‘为什么’，语言本身是回答不出来的。语言自然有道理，讲道理是语言学的事。学了语言道理不一定学会了语言，会了语言未必讲得出道理，讲出来也未必对。”

为什么译成“情报”不如译成“信息”好呢？为什么外语中可以用一个词而汉语要分成两个呢？为什么“科学”一词的英、法文都用从拉丁文来的词，而德、俄文偏偏不用呢？汉语为什么不能通行自己的“格致”而要用外来的日文汉字“科学”呢？语言是有道理的，但学语言似乎是不必讲很多道理的。

二、语言的边界是认知的边界

越学语言你越会认识到：想表达同一个意思有很多不同说法。A说法和B说法的区别很细微，选择哪个是个人偏好。有的词正式些，有些用法“调皮”些，学习语言就是训练表达自己的能力。

学语言就是在认识自己，不断拓展认知边界。

三、记单词，不如看图说话

能表达“线”和“绳”的词太多，随手就有rope/string/strand/cord/cable/wire，还有鞋带是shoelace。它们有什么区别？记不下来怎么办？

我的建议是不要盯着这些单词和中文释义看，也不需要太在意什么辨析。读读英文释义，观察例句中的使用场景，在脑海中把这个词场景化。同时借助搜索图片建立单词和图片的关系，在模拟场景中学，看图说话式学，才能水到渠成。

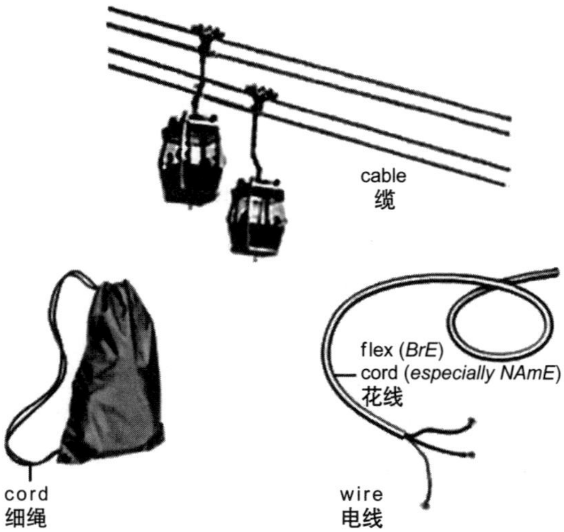

图片与单词建立密切关联

四、学英语，不是考记忆力

总听朋友说记忆力不好，啥都记不住。

其实学英语不需要什么记忆力，人与人之间的记忆力不会差太多。记不住的根本原因是见得少（复现次数不够），用得少（没有主动调取知识）。

拿我来说，我在生活中的记忆力绝对不算好，在泰国生活半年多了我还没记住我的泰国手机号码，但我记英语比较快，这是因为我比较熟悉这门语言。有了足够的语块积累和背诵训练，自然就会对英语更敏感。

我也不推荐什么艾宾浩斯遗忘曲线，不是说它不好用，而是它需要学习者较强的自制力。笨方法也并非不可取，但千万别指望有什么点石成金之术。

五、词汇量不大不是问题

“词海”无涯，多多益善，但也能以少胜多，左右逢源。从某种意义上来说，贫穷使人更富创造力。

2000多个词汇足以实现表达自由，朗文词典就用3000个词汇解释了所有的词。这个看着简单，实际上是返璞归真之难。试试用最简单的中文词汇描述一切，它需要极强的观察、总结和描述能力。

我刚去美国读书时，有一天车的大灯没关导致电瓶电量耗尽，我想找人帮我“电瓶搭车”，但我不知道那个电缆线的英语怎么说，手机没电也没法查。于是我找到一个人，问他：“我需要那个可以帮我启动车的东西，一端在我的车上，一端在另一个车上？”对方很快懂了我的意思说：“Do you mean jumper cables?”我完成了有效沟通，同时学到了更准确简洁的说法。（后来查词典还发现也可以用“booster/battery cables”表示，我还学到了“jump start”也有“抢跑”的用法）

不知道一个东西具体叫什么没关系，我们可以用模糊的说法先凑合，然后查一查、问一问。只要持续积累，实用词汇

积累词汇的同时，训练用最简单词汇描述的能力

量就会提升，用外语表达的自信也会提升。

读到这里，你可能会感慨：学英语用搞这么复杂吗？有个翻译软件不就得了。如果按这个逻辑分析，那我们学数学干什么？找个高级点的计算器，省事多了吧？

我们学不好一个东西可能是因为我们认为它没那么重要。拿我学泰语来说，刚开始学了几天，掌握了最基本的常见用词，英语加泰语就能满足我的日常生活，于是我就不想学了。一上泰语课就想找理由不去，说到底还是觉得泰语没那么重要。

但是，即使翻译机器可以做到精准翻译，可它没有温度，表达不了人情味和我们的个性。而且更重要的是，学习语言和运动一样，本质上是训练思维和综合技能。

把学习语言当作修行，发现那些自欺欺人的谎言和评判，察觉、接受，然后选择要不要做些什么。

小学阶段就出国读国际学校，我的一些英语学习建议

邻居一家是中国人，刚来清迈没多久，妈妈带着8岁的女儿来清迈读国际学校，准备读小学四年级。

小姑娘活泼可爱又大方，很快就成了小鹿的好朋友。小姑娘的英语也不错，因为从小就上外教课，一直坚持英文阅读。可能你会说，这样优秀的孩子在国外读国际学校应该没问题吧？

有一天，我们在邻居家和一位国际学校老师聊了很久。这位老师反复强调“阅读理解能力”。以她的教学经验，她发现许多孩子读起来还算流利，但是让学生用自己的话总结故事、回答问题，学生往往答不上来。能够朗读并且有一定的词汇量是阅读的基础，但能读、认识一些词并不代表真的理解了这段话。

邻居家小姑娘的英文阅读理解能力终究如何呢？我跟她说咱们一起读个故事试一试。

我们读的是老师推荐的四年级阅读书目*Oxford Reading Tree*（“牛津阅读树”系列）。小姑娘有些紧张，读起来还有些吃力。虽然有些单词读出来了，但我能感觉到她是不理解这个词的含义的。不过我相信以她的基础和学习能力，在这边学习

一段时间应该会有很大进步。

于是，我针对她的英语学习习惯，分享了两点学习心得。

一、中文是辅助，尽早用英语学英语

“这段话什么意思？”并不等同于“把这段话翻译成中文”。一是因为语言的模糊性，译成中文意思也说得过去，但不一定是完全理解了原文；二是在国际学校全英文授课环境，习惯性的优先翻译会让自己慢人一拍。

“这段话什么意思？”的本质是在训练paraphrase（用英语思维和表达）的能力。如何paraphrase呢？首先要理解整段话的意思，再聚焦这段话里的关键词。遇到生词先结合上下文理解，然后利用词典工具辅助理解。我给小姑娘和她的妈妈推荐了三个学习工具。

1. Google+YouTube

既然在国外读书，Google和YouTube方便又好用，而且一定要用起来。比如那位国际学校英语老师在和我们聊天的时候，问小姑娘：“What’s the difference between noodles and pasta?”我们可以用Google做功课，顺便还锻炼了阅读和听力。

2. LDOCE（*Longman Dictionary of Contemporary English*《朗文当代高级英语辞典》）App

我多次推荐《郎文当代高级英语辞典》的App版本，至今我已经用了快10年。它的好处是用3000个核心基础词汇解释

输入关键词搜索，答案一目了然

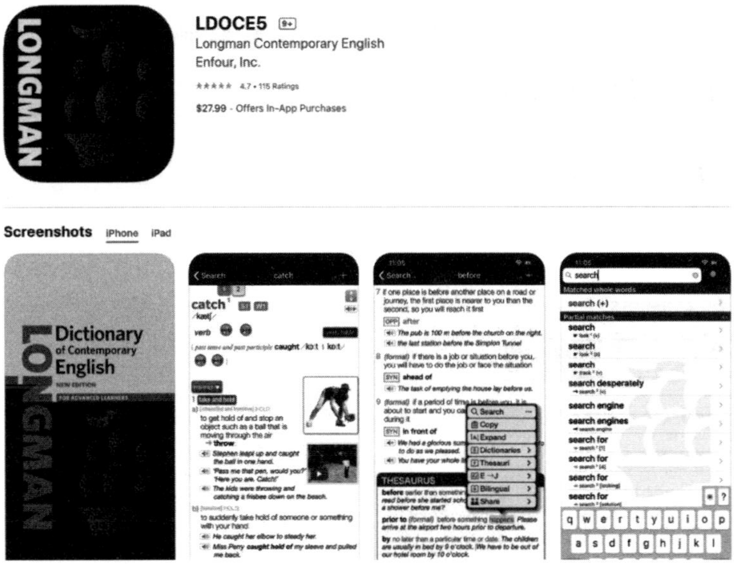

App 下载界面

了所有其他单词，因此它是“用英文解释英文”的绝佳参考，可以为我们的paraphrase提供思路。

3.《牛津高阶英汉双解词典》App

这也是我推荐过无数次的词典，它的好处是有英汉释义，例句也很灵活，可以帮助我们把英语和中文结合起来。用这个词典查词时，可以先读英文解释然后依照自己的理解看中文翻译，也可以反过来先看中文再看英文释义参考。

词汇量的“量”是数量和质量。多多益善，但同时要注重理解，能举一反三。在国际学校读书，我们要观察和学习英语为母语学习者的学习习惯和工具，同时也从自己的母语学习

App 下载界面

经验和母语优质资源中总结技巧，这样最终才能享受双语或多语的乐趣和好处。

二、阅读理解和口语的本质是描述画面

上面我们讲到了阅读理解的本质，以及paraphrase的理念和学习工具。这里特别说明一点：paraphrase的核心不是机械式变换词汇，而是描述画面。

比如听到“I’m happy”时脑中会自动翻译成“我很开心”，但是happy这个词不完全等同于中文翻译“开心”。happy也可以是“感到满意的”“美满的”“合适的”，不同语境下有不同意思。翻译只是辅助，但过于依赖翻译学习语言，容易把自己的想象力框住。

换一个思路。当听到“I’m happy”时，脑中是什么样的画面？可能是满面笑容、和朋友一起玩耍、去迪士尼乐园、收到礼物……想到这个画面，我们就能用更丰富的词汇描述它。这样一来，死记硬背、字对字的翻译就变成了主动创造，词汇就成了一块块乐高。“创造”才能获得更多更持久的乐趣。

最后，我再多说几句关于“词汇量”的问题。

刚学英语的那几年特别注意词汇量，背了不少词汇书甚至词典，时不时还要用网站测测。如今，我依然有无数生词不认识，但没关系，不会就查，查多了、用多了就记住了。而且不要被生词卡住，利用词典工具、网络搜索找到生词的“熟词平替”，看到一词一句的画面感和情感。

词汇量无比重要。我决定苦学英语就是从背单词开始的，

无所不背无所不查。苦功夫一定要下，死记硬背是家常便饭也是最简单的一环。

分享这个故事是想提醒大家利用母语辅助理解外语，也尽早积极用外语学外语。那些由数字堆积起来的自信在我看来是纸老虎。真正的自信来自养成了哪些学习习惯、解决了哪些问题。哪里不会学哪里，学习的乐趣就在那一次次沮丧和“Eureka”（我发现啦）中逐渐被激发出来的！

这几个词的意思差不多，有什么区别呢？

经常被问道：“X和Y的意思差不多，它们到底有什么区别呢？”

关于同义词有什么区别，市面上有一些词汇辨析参考书可以利用。比如常见的*Use the Right Word*（《正确运用词汇》）和各类有关同义词的词典，像*The Penguin Dictionary of English Synonyms&Antonyms*（企鹅参考书系列《近义词和反义词词典》）、*Oxford Thesaurus of English*（《牛津英语同义词词典》）等。

不过我认为这类工具书都很枯燥，实用性并不是很强，可能会让你越看越糊涂，到最后都不敢用英语了。想知道同义词的区别，重点在于观察和体会。基本方法是查词典和读更多例句，尤其要关注英文释义和上下文语境。比如说到“坚持”时，我们可能想到insist和persevere这两个单词，但当你看完它们的英文解释后，会发现它们并不是一回事：

persevere: to continue trying to do something in a very determined way in spite of difficulties—use this to show approval 强调不断尝试，坚持不懈

insist: to demand that sth happens or that sb agrees to do sth;

to say firmly that sth is true, especially when other people do not believe you 强调坚决要求，固执己见

此外，我一般还会注意下面几点区别。

一、语法区别（包括搭配区别）

有的词一般用被动语态，有的词就像galore通常放在名词后使用。两个同义词的常见搭配也可能不同，尤其是介词搭配。

柯林斯高阶英汉双解学习词典

牛津高阶英汉双解词典(简体) 第 8 版

gal·ore / gəˈlɔː(r) ; *NAmE* gəˈlɔːr / ADJECTIVE [after noun] (informal)

in large quantities 大量；很多

- There will be games and prizes galore. 将有很多游戏和奖品。

galore 放在名词后的例句

我曾在阿图·葛文德创作的《最好的告别》(*Being Mortal*)的阅读笔记中分享过这样一个例子：“We traveled to Varanasi, the ancient city of temples on the banks of the Ganges, which dates back to the twelfth century BC.”

这里的“date back”的用法非常简单，常见的类似说法还有go back。当我们介绍一个事物的历史时，除了用“ ... was built/established/created”之外，还可以用“ ... dates/goes back to”。好处不只是换了个说法，用“date/go back to”时我们可以用主动语态，让表达更直接。

二、语域区别

语域指的是一个词的风格，包括正式、非正式、文学、科技、褒义、贬义、过时说法等，一般词典上都会标注。

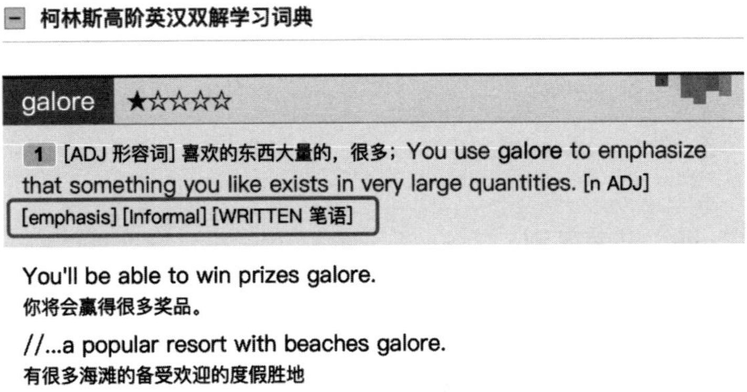
柯林斯高阶英汉双解学习词典

galore ★☆☆☆☆

1 [ADJ 形容词] 喜欢的东西大量的，很多；You use galore to emphasize that something you like exists in very large quantities. [n ADJ] [emphasis] [Informal] [WRITTEN 笔语]

You'll be able to win prizes galore.
你将会赢得很多奖品。

//...a popular resort with beaches galore.
有很多海滩的备受欢迎的度假胜地

galore 在词典上的语域标注

不过词典是有限的，为什么选用一个词大多都是一个人的偏好，在许多实际应用中作者甚至会打破一些规则和传统用法。比如，表示“开始”这个意思，有些写作指导书籍说不要用commence表示start，因为commence听起来太“装”了。但当你翻开一本海明威的著作时，会发现他大量使用commence，可能没别的原因，就是偏好这个词。

三、语源区别

buy和purchase都是“买”，它们有什么区别？语域上看

purchase更正式，buy相对比较更口语化。这种语域区别和它们的出身相关。buy是来自盎格鲁-撒克逊这一派，这类词一般都是短音节比较接地气；purchase来自诺曼法语这一派，听起来比较有文化的样子。有这个基础了解即可，不需要在学习词汇时了解每一个词源（etymology）。

《经济学人》中想表示“荒谬”，常用preposterous。那preposterous和absurd/ridiculous有什么区别呢？我想最主要的区别是preposterous拆开看，pre-是前，poster-是后，来源表示“本末倒置”。

四、节奏区别

差不多的两个词，选A还是选B，除了考虑哪个意思和语气更贴近，好的写作还会照顾行文的节奏。比如常见的头韵修辞就是很好的例子。好的写作有音乐性，句子和单词都有长有短。

还是拿我在《最好的告别》阅读笔记中的分享为例：“Those reasons matter not just at the end of life, or when debility comes, but all along the way. Whenever serious sickness or injury strikes and your body or mind breaks down, the vital questions are the same: What is your understanding of the situation and its potential outcomes?”

有没有觉得这段话读起来特别简单？我们来看作者是怎么做到的。

首先是用词准确简洁。“at the end of life”“all along the

way”无论是看起来还是读起来都很舒服。“when debility comes”中的debility用词简洁准确，come又自带朴素气质。

其次是语言的音韵美。在“Whenever serious sickness or injury strikes and your body or mind breaks down”中没有一个特别长、特别“高大上”的词。只需利用头韵造成节奏美，再利用“strike”和“break down”的不及物动词用法（本身意思已经完整，后面不需要跟宾语，前面的matter和come也是这种用法）让整句话干净利落。

从上面的句子，我们可以学到：（1）用词只有是否恰当，没有“高大上”；（2）选词除了词义准确，还要照顾语言的节奏美；（3）阅读中注意单音节词和不及物动词的使用，它们可以增强句子的表达效果。

以上我总结的这几点并没什么特别之处，用我们自己的母语做个实验就懂了。比如：清和青有什么区别？眼和目，短和矮（我3岁的女儿英语会用short，但搞不清楚什么时候用矮和短）、编和织都有什么区别？

学源于疑。语言就是复杂的、流动的，时常不讲道理的，这是学语言的痛点也是乐趣之源。说到底语言是约定俗成的交流工具，不是非黑即白的规则。“回”字有几种写法，每个写法有什么区别？知道了有什么用？你是否愿意为这个问题花费一定的时间？做个语言学习者和做语言学家的目的和工作不同。

对我们语言学习者来说，接受语言的复杂和随意性，在使用中训练自己的审美。希望这篇文章提到的几点方向对大家有帮助。

语法到底该怎么学？

在古典的《跃迁：成为高手的技术》一书中，有这样一句话：在今天知识爆炸、终身学习的时代，“为什么”“学什么”“如何学”比“学就好了”更重要。

其实，这个学习的思路也可以放在学语法这件小事上。

对大部分人来说，学语法的目的无非就是读得懂句子或写出符合英语语言习惯的句子。那学什么呢？我认为要学习语法框架，有关语法的必要知识。怎么学呢？用！在使用中观察、分析，发现问题后哪里不会学哪里。

一、先进森林，再琢磨树木

比知识更重要的是知识框架。就语法学习来说，什么是掌握语法的框架呢？

拿出一张白纸，能否把英语语言的特点和主要规则列出来？能不能用小学生能听懂的语言把语法规则描述出来？如果不能的话，说明你还没有掌握这个框架。

掌握了语法框架不意味着就弄懂了所有语法知识，学无止境，你还是会有很多不知道的地方，还有看不懂的句子。但是只要掌握了语法框架，面对这些问题的时候你就不慌了。因为你知道这个“知识盲点”是在整个体系的哪个位置，然后突击盲点即可。

我们总说“我语法不好”，那到底是语法哪一块知识没有掌握呢？是定语从句和宾语从句不好，是怎么个不好呢？

我们语法不好，可能只是我们从没有认真地学习过语法罢了。或者只是一直在做题，没有能跳出来掌握语法框架，所以一提到语法就打怵。

二、抓大放小，不要纠结

那怎么掌握语法的基本框架呢？找一本语法书，认真读一遍，在读的过程中“抓大放小，不要纠结”。

“抓大放小”是说要注意掌握框架，而不是恨不得把书中的每个字都记下来。

对于书中的细节部分，我们只需混个眼熟即可，因为我们是记不住的。翻看一本语法书，光是“冠词”的内容就有10多页，看得心急火燎、头昏脑涨的，记了一堆笔记，结果过两天就不记得了。这不是我们记忆力的问题，而是在我们学习的初期，在我们还没有见过许多语法现象之前，是很难死记硬背下来的。

莫不如先了解有关冠词的一些必要知识（例如a/an和the有什么区别），然后遇到了有关冠词的问题再查就好了。别怕自己忘，忘了就再查。

你可能会说：“可是考试的时候不让查啊！”如果你学语

法是为了考试的话，我建议多做做题，把不懂的题都弄懂，在考试来临之前多见见语法现象。养成有疑问就动手查的好习惯，这样长期看更值得。

“不要纠结”是指语言中很多时候讲的是习惯，不是逻辑。有些用法你觉得别扭，那是正常，因为中文和英文本来就是两种语言，它们不是一一对应的。

语法不是死规则。大多数规则都是“一般情况下”的规则，我们要带着开放的态度去学语法。先一般再特殊，先了解基本情况，然后再通过阅读、听力等材料让自己接触更多的语法现象。

送给你一句话：“You can’t predict good grammar or correct usage by logic or general rule. You have to learn the rules one-by-one and accept the fact that some of them, probably most of them, are arbitrary and idiosyncratic.”（你无法通过逻辑或一般规则来预测好的语法或正确用法。你必须一个接一个地学习规则，并接受一个事实，即这些规则中的一些，可能是大多数都是没有规则的。）

三、看到术语的本质

定语从句、宾语从句、状语从句、形容词性从句、名词性从句、限定性非限定性从句、虚拟语气、真实条件句、非谓语动词……这些术语大家一定都听过，但是自己能说清楚它们都是什么吗？如果不能的话，问题出在哪里？

术语的出现是为了总结规律，为了使人方便交流。我建议大家在初学阶段要弄清楚这些术语的本质是什么。

在赖世雄老师的《赖氏经典英语语法》一书中，他提到了“副词连词”，有的朋友就不懂了。它到底是副词还是连词呢？书中就明确说明了：“在主从复合句中，because、if等连词引导的从句充当状语，类似副词的功能，所以把这类词叫作副词连词”。

读懂了这句话，就掌握了英语复杂句的写法。

啥叫“复杂句”“主从复合句”？其实它们是一回事，英文都是“complex sentence”，只是翻译不一样。“副词连词”怎么说？英文叫“subordinating conjunction”，也叫“从属连词”。

掌握这些术语的本质比知道它叫什么名字更重要。在一个句子中，能看懂“谁做了什么事”“谁是谁”“谁修饰谁”就好了。

四、掌握了基本知识后，要去“用”语法

学习语法就是希望可以掌握这个“工具”，然后分析我们碰到的语法现象。也就是说，学好语法的关键在于学语法之外做的事情，语法是用的，不是学的。那怎么去用呢？我们一起来看一篇来自*The Economist Espresso*（由《经济学人》所推出的新闻早报类App）的文章：

“Wolf Warrior 2” follows a Chinese action hero in an unnamed African country, saving natives from war-mongering（好战的）Westerners with explosions and punch-ups（群架）galore.

Nicknamed the "Chinese Rambo", the film has just become the highest-grossing production in Chinese history, earning over $600m since its release last month.Its surprise success may be linked to growing narionalist fervor. Last month China marked the 90th anniversary of the People's Liberation Army and opened its first overseas military base, in Djibouti. Also helpful is China's annual summertime ban on foreign movies, which boots domestic ones. But above all the topical themes and slick（观众所熟悉的套路）, Hollywood feel of "Wolf Warrior 2" seem to have helped it eclipse the previous record-holder, "The Founding of an Army" —a state-funded historical drama whose jingoism（极端爱国主义）-on-film formula comes across as stuffy and tedious by comparison. "Wolf Warrior 2", by contrast, manages to be glossily entertaining, even as it mantains its nationalist narrative.

这篇文章短小精悍，能写出这样的文章，作者是如何做到的呢？除了用词外，我们观察分析一下这里前两句话中出现的语法。

（1）"Wolf Warrior 2" follows a Chinese action hero in an unnamed African country, saving natives from war-mongering Westerners with explosions and punch-ups galore.

（2）Nicknamed the "Chinese Rambo", the film has just become the highest-grossing production in Chinese history, earning over $600m since its release last month.

这两句话都有些长，不过作者就用了一招而已，通过我们学习的语法知识就知道这里用的是“分词结构”。那为什么要用分词结构呢？拿第二句话来说，它表达了三层意思：

（1）《战狼Ⅱ》被称为中国的兰博；

（2）《战狼Ⅱ》创造了历史票房最高；

（3）《战狼Ⅱ》自上映以来赚了6亿美元的票房。

如果换作是你，你会怎么写？用简单句、并列连词或是用从句？通过观察和对比后，我们发现分词结构的文章内容更清楚，表达更简洁。

一旦你见过这样的表达，以后阅读的时候就要注意：作者是如何把几个主语连接在一起的呢？作者用了什么语法手段呢？只有在实战中见见“真语法”，我们学到的语法知识才能真正地消化、内化。

再举一个例子，我在了解到英语中有的动词是及物动词，有的是不及物动词之后，我并没有去死记硬背哪些是及物动词，哪些是不及物动词，而哪些又是两者兼备，我的方法就是去阅读。

比如，当我读到“Rumors abound ...”时，我观察到abound后面没有接宾语，它是个不及物动词；当我听到有人说“What was happened?”时，我顺便查了下happen，了解到这个词是不可以用于被动语态的，因为它也是一个不及物动词。

在我看美剧*Bojack Horseman*（《马男波杰克》）时遇到过这样一句话：“I'm at a place now where I never need to grow as a person or rise to an occasion because I can constantly just surround myself with sycophants（拍马屁的人）and enablers（促成事情成功的人）until I die tragically young.”

这里的“I die tragically young”是个什么语法现象？我在张满胜老师的《英语语法新思维》中就找到了答案。原来这里涉及的语法点是“主语补足语”，了解这个用法后，便能举一反三，比如当你想说“英年早逝”时就可以用“ … died young”，“有备而来”就可以是“I came prepared”。

这都是用语法的表现。语法这事学无止境，因为语言是如此的丰富。

五、我是如何学好语法的?

许多人问我：“Eric，你可不可以给我推荐本语法书？”“Eric，你觉得这本语法书怎么样？”

对于书，我的态度是只要是别人提到的书，我都会用心记下，然后放入清单中。因为这本书好不好需要我自己读了才能知道，哪怕是别人说“不好”的一本书，我相信我也可以学到很多东西。关于语法书我没有什么推荐的，因为我认为你只要认真地读完一本，掌握了基本框架之后，再看看自己需要学什么。

关于语法书我手头上就有30多本，我没有觉得哪本好或者不好，因为它们的侧重点、风格各有不同。我只有多读一读，吸收“各派功夫”，持续丰富我的知识框架才是主要目的。

不过如果你不知道从何读起，我推荐读张满胜老师的“英语语法新思维”系列，以及旋元佑老师的《英语魔法师之语法俱乐部》。

无意间在整理书柜时发现了大学时我买的一本语法书《张

我的英语语法学习书

道真英语语法》。我清楚地记得那是新学期开学，我大声地问老师："Are you miss me?"，老师当着全班同学纠正我："用do，不用are"。那时的我不知道两者有啥区别，也是为了下次不再露怯，放学之后我在学校附近的书店买了这本语法书，也是从这本书让我走上了语法学习之路。

学习语法这件事，不要再拖着了，尽快把它搞定，并且用起来。不要过于追求完美，原谅每一次犯错，能察觉到错误并从错误中学习就是最棒的。

英语专业怎么了？

曾经有一位英语专业的学生在课后私信我，发了一段她的学习心得：

关于自己语言基本功的反思

最近经常被Eric指出一些特别基础的问题，同时自己在做专四语法题的时候还是错得比较多，其实真的反映了自己的语言基本功——不扎实。

之前对基本功做了很多功课，反复过了一遍又一遍，尤其是语法书。我也坚持每天早上跟读、模仿，但是该错的还是在错，不该错的也在错。于是，我深深地反思了一下自己，发现自己还是对基本功学习的方法有问题，同时学习的强度还不到位。每天也都在看，可是并没有完全内化，我没有在写作和口语上做充足的练习，因此当我想用某个表达的时候还是想不起来。

仔细回想一下，我学英语练习最多的可能就是大声朗读，其余都是在刷题，自己动脑子撬动思维的占比太小了。背诵基本不用动脑子，只要读出来就行了。而且我也不太会背，就是死记硬背，不懂得拆分理解句子的逻辑。从我开始学英语到大二，一直选择最低效的方法做，其实时间也花了很多，但是结果却一直不尽如人意。这种习惯一直持续到我上大三，我始终不能原谅自己犯的低级错误。

说到这里，我想起来我们班一个很优秀的同学，她从大一就开始对音标、语法、单词用法仔细钻研，而当时的我认为她这样是完全没有必要的。直到现在我们的距离被拉开了，才感到自愧不如。

大三的我，接触了语言学和学科教学后，认知上有了一些深化，通过看Eric和Justin老师经常分享的一些经验帖，才发现自己真的需要经常动脑子去学英语，就像Justin老师在微博上说的“语言学习的本质不是语言，而是认知”。

问题的根本就在于自己要有动脑学习的习惯，从听说读写开始，扎实地掌握基本功，认真地临摹，做一个每天都在进步的toddler，而不是一个经常犯低级错误的junior。

大三的学生，能意识到自己的问题且敢于直面它，很用心也很勇敢——“认识自己”是开悟之端，也是最强大的学习目标和动力。

我鼓励她说我像你这时候也才刚刚开始呢，你的起点已经很高，以后也难免犯低级错误，但每出现一个错误，在懊恼自责的同时从中学习就好了。那些大小错误很有可能是一个个帮助我们进步的“天使”呢。

The only real mistake is the one from which we learn nothing.（唯一真正的错误，是我们没有从中学到教训的那一个。）

既然选择了英语专业就要对自己有要求。别在最该提升自己的年龄只满足于英语专业八级考试及格万岁。

一、学好专业课，打好基本功

词汇、语法、语音是英语专业学生的基本功，基本功就意味着要掌握得扎实并且把它当成习惯融入生活中。比如“无所不译”的习惯、朗读英文的习惯，一定要坚持到“无须坚持”。

另外，教材里的文章可能觉得不够有趣，但大多数其实都是极佳的文章，别看不起它们。别抱怨学校不好、老师不好，既来之则安之，既安之则站之。

努力的意义在于你可以有更多的选择。

最后要警惕“乖孩子”心态。不要只满足于上课听课和老师的作业，多查一查，多学一学，然后主动请教老师，这样才能把身边的资源物尽其用。不仅要爱学习、能坚持，更重要的是会学习。

二、养成学英文、用英文、用英文学英文的习惯

我去美国读研后养成了万事搜Google，顺便学英文的习惯，受益无穷。

善用这样的工具可以让自己用英文学英文，比如你有问

题就可以直接用英文向母语人士提问。我刚出国那会儿还用YouTube学做饭，如何用英文点菜、和外国人约会时需要注意什么、如何做好一个陈述报告等，这些问题都能找到极佳的文本和视频素材。

三、多读书，听人劝，向前辈学习

我多希望我在本科时就读到李赋宁、葛传槼、陆谷孙、乔志高等大师的学习心得和教诲！听君一席言可能不会胜读十年书，但总比自己瞎琢磨强多了。

别人推荐了什么书（尤其是老师的推荐），就认真地去读。我之前推荐过金雯老师的《被解释的美》、夏济安老师评注的《现代英文选评注》等。我想能真正读完的人并不会有很多，这是常态，有的人就是不做；有的人想做，但是没有执行力；有的人想做就做。希望你是最后一种人，别大学四年过去了，作为英语专业的你连一本英文书都没读过。

我经常会在微博搞送书的活动。上次送了本*Flipped*(《怦然心动》)，有朋友留言："最爱的电影之一，作为英语专业一直很希望有机会读一读原版英文书籍。"我心想，这年头想读啥书真就是一"搜"之遥，书就在那里，想读就能读。

学英语这几年一直有个小"心机"：看到别人在读什么书，只要是觉得对我有帮助就立刻去读。如果适合我，我就会读完；不适合我，我也了解个大概。这样做久了，我竟然成为别人眼中"看书很多"的那种人。其实不是，只是有"心机"而已。

四、正确对待考试，把考试当成小目标

再说说考试。无论是英语专业四级、八级，还是雅思、托福，别把它们当成敌人，而是把它们作为阶段性的学习目标。你考得不好，原因很简单：学艺不精。你不是做不到，是根本就没努力或者只是看上去很努力。

还有个朋友私信我说："我现在读大二，可以准备考雅思吗？"

当然可以呀！把注意力放在"成长"上，然后用考试这种机制逼自己不断走出舒适区。学生阶段真的很宝贵，多拼一拼，养成好习惯，利用所有资源让自己成长、强大。一方面有实力，一方面会做人，今后定有更多的选择，也有更多的乐趣。

五、通用技能

最后再说两点我认为很重要的"通用技能"：提问能力和写作能力。

一是提问能力。无论是口头还是文字，提问这件事儿看起来简单，但背后是"沟通能力"的综合体现。向别人提问意味着你要把一件事情想清楚，并且能用别人轻松理解的方式表达出来，心态上还要不怕被拒绝，这个还挺难的。

二是写作能力。这里说的不是文学，只是用文字把一件事写清楚。大多数人并不在乎日常语言的使用，很多时候都过

于随意、模糊、不得体。在学生阶段养成良好的写作习惯会有益终生。

我在这里奉上几句话当作锦囊：

越焦虑就越要踏实；

越迷茫就越做减法；

别总觉得自己行了，其实你还差得很远呢；

也别总觉得自己不行，别人做到的你也能做到啊！

我是如何复习的？

我的复习方法很佛系，用一句话总结是：持续积累和不断使用就是最好的复习。

为什么这么说呢？因为我已经有了比较坚实的基础。我考过英语各类考试、在美国读过研，苦练过听写、背过单词书、用过各类记单词的App和Anki（记忆辅助软件、让记忆变得轻松），啃过语法书，犯过无数错误、尬过许多场，不断忘记也不断打脸……这些都是英语基本功。

过去8年，我一直通过写东西记录我的学习。比如我学了什么好词，我在阅读中学到了什么技巧，我都会用公众号或者微博的形式记录和分享。除此之外，我还做过读书会、晨读群等课程。在这个过程中我“以教为学”，锻炼了自己的挑选、联想、总结能力。这些都是基础的学习习惯。

有扎实的基本功，也有良好的学习习惯，我只需要持续输入和使用英语就可以了。看剧、读书、听播客都是输入，写公众号、微博、教课、实战都是输出。在输入中不断复习，在输出中获得反馈，这样就可以持续进步。

我的方法听起来毫不费力，这是因为我曾经下了很多苦功夫，现在也算得上努力。只有如此，才能摆脱被学习支配的恐惧，主动选择学习，以乐作舟。

这条路上没有任何捷径，如果非要编一个捷径，那就是：现在就去做。

那我是如何提升基本功的？

绝大多数的学习问题，说到底是方法、习惯、心态上出了问题。我刚开始阅读的时候，并没有想太多方法的问题，因为一开始不需要任何的方法。要先自己行动，然后不断试错，这样才能有更具体的疑惑，才需要方法指导。因此，如果你还没有基本的阅读习惯，没有读过几本书，那就先把基本功做好吧。

如果你发现自己：

（1）记了，很快就忘了；

（2）单词见了认识，但是不会用；

（3）阅读速度慢；

（4）学不进去；

（5）复习效率很低；

……

都没有关系，这些困惑、沮丧我曾经都有过，现在也仍然会有，只不过我不再过于恐慌，而是接受并且把它们转化成动力。想要解决这些问题，我们要真诚地审视它们。

如果我的具体问题是：我记住的单词很快就忘了。我们就把问题中的关键词分解成具体的动作："记住的单词"和"很快就忘了"。

用清晰直白的语言重新定义上面的具体的动作，比如：什么是"记住的单词"？你的答案可能是：我看到这个单词能

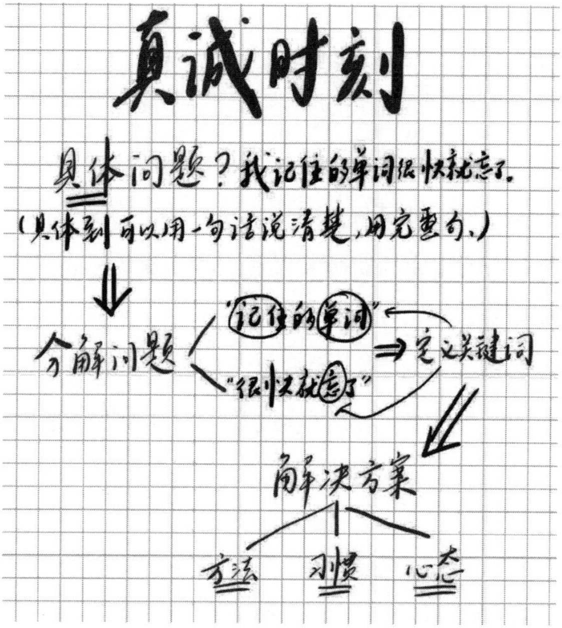

把问题写下来去正视它们

立刻想到它的中文意思。什么是“很快就忘了”？你的答案可能是：再次出现这个单词的时候，我想不起它的中文意思了。

可以把自己的学习问题当作商业项目一样对待，而你就是它唯一的负责人。你对它稀里糊涂，结果很可能就是个豆腐渣工程。

到这一步，我们的问题就清晰了很多。接下来就是真诚地问自己为什么？其实你自己是知道答案的，可能你只是不愿意相信那就是答案。比如记了的单词会忘，说明你跟它还不够熟悉、见的次数不够多、查的次数不够多、用的次数不够多，仅此而已。

不要把锅甩到“我懒”“我记性不好”上。想解决问题，要深挖。

你懒可能是因为这件事情对你来说没那么重要，可能是你觉得自己的付出不一定有回报，因此不愿意去做这件事情。

你记性差，那就更应该多练、多记，让自己的记性有所提升。把自己的不足主要归因到记忆力、智力上，而不是“我是否付出了足够的努力”，是典型的fixed mindset（固定型思维）。

那我们再往下挖，聊聊如何深入地解决问题。说到底，阻碍我们行动的很可能是这两点。

第一点，你内心深处并不认为自己能做到（也就是我们之前说过的self-efficacy“自我效能”比较低），因此你不愿意行动。你的内心深处可能会想：如果我努力了结果也没好哪去，那不是更让人难过？我还不如不努力呢，这样最起码还能留个美好的幻想。

第二点，你希望自己付出可以立刻产生效果（也就是延迟满足感的能力），于是你不愿意用行动试错，经常半途而废。你更喜欢轻松、不费力的东西，拒绝需要努力、坚持的事情。

那该如何从根本解决这些问题呢？

我的做法就是：做好每一件小事。你可以先读完一本书，先做一次演讲，先坚持一次晨读，先做好一个俯卧撑等。

在这个过程中向前辈学习，向你想成为的人学习。比如读前辈推荐的书，试试他们推荐的方法。如果觉得任务太多、节奏太快，就做减法。心理上认为自己是可以改变的，技术上向前人学习，能力上苦练基本功、养成学习习惯。接下来一定是持续进步的。

一件件小事加起来，就是你的基本功和习惯，也就是你是谁。知道了自己是谁，就自然找到了适合自己的装备和武器、适合自己的朋友和环境、适合自己的方法和目标。

成长，不就是持续找到更适合、有趣的自己吗？

如何通过看电影、“刷”美剧学英语？

一、美剧的选择

选择英语学习材料，最重要的是兴趣，感兴趣才更能坚持。有人喜欢《老友记》，有人喜欢*Games of Thrones*（《权力的游戏》），个人偏好上并没有好坏之分。拿我来说，我更喜欢看《老友记》，因为它每一集之间的联系不是特别紧凑，我只需要关注这一集的内容就可以了。类似的美剧还包括像*We Bare Bears*（《熊熊三贱客》），*BoJack Horseman*（《马男波杰克》）和*Rick and Morty*（《瑞克和莫蒂》）都有这样的特点。

其次，你看的这部剧是否能帮你达到学习目标。如果你想练听力和发音，所有的美剧都可以满足。想通过看剧长知识，了解一下律师、医生、政客们的生活，就可以选择*The Good Wife*（《傲骨贤妻》），*Grey's Anatomy*（《实习医生格蕾》），*House of Cards*（《纸牌屋》）。如果想学一些很生活化的表达，可以拿来就用的，就可以看*Modern Family*（《摩登家庭》），*Desperate Housewives*（《绝望的主妇》）。

总之，不要盲目地跟风，从自己的兴趣和学习目的出发即可。我建议选择集与集之间情节不是很紧密的来学英语，这样看剧会更加地轻松，也能够把更多的注意力放在英语学习上。否则的话，就会产生既看不好剧，也没学好英语的情况。

二、了解教材，明确目标

我们通过看美剧这种方式来学英文，是因为剧中的对话接近真实的说话语速；剧中出现的场景可以让我们现学现用；从剧中可以学习外国文化；是一种休闲放松的方式。

同时要明确一点，如果要把美剧当作学习材料进行刻意练习的话，它和其他材料一样，难免会变得枯燥——因为英文学习必不可少的一个环节是：重复，重复，再重复。选取自己感兴趣的、不需要费心的剧可以稍微缓解一下这种枯燥。等到自己的水平提高了，大脑自动开启学习模式，重复的次数变得越来越少的时候，就可以尽情地享受美剧了。

我们也不必把每一集都当英语教材来学，就跟精听和泛听一样，结合起来会更好，也更容易维持我们的兴趣。

另外，我们要确定自己的学习目标。不要一开始就要求自己100%地看懂一部剧，听懂里面的每一句话，在自己现有的能力和目标水平差距较大时，完美主义是一个陷阱［Don’t bite off more than you can chew!（不要好高骛远）］。我们最终能够达到80%以上的程度就可以了（当然是越高越好），这样就能够听得懂，还能享受其中。

在最开始学习的时候，给自己定个小目标，并不需要听懂每一个词，了解每一个“梗”，模仿每一句话。听懂60%的内容，查一查20%的内容（只是去查，不用花工夫去练去记，因为记也记不住），剩下的20%还是听不懂的（随着水平提高这个部分会减少）。

例如，我们可以只学3个表达，但是这3个表达要能够变成自己的。只模仿其中的两句话，把它们练得炉火纯青、以假乱真。在《摩登家庭》第一季第一集中有这样一句话：

This baby would have grown up in a crowded orphanage if it wasn't for us "Cream puffs".（字幕翻译：这些宝宝原本可能会在人满为患的孤儿院里成长，多亏这些"娘娘腔"收养呢。）

这个句子里用到了我们认识却总想不起来用的虚拟语气，要把这句话练到发音准确，语气和连读都很自然的话，还是需要下一点功夫的。掌握了这一句话我们就能把它改编造句，掌握一个地道句型。

这样的学法，学一句至少顶十句。随着英语水平的提高，我们吸收的能力就越强，就越能把每一集美剧漂亮地拆解成一块一块，还能轻松地组装起来。

三、看美剧的时候学什么？

美剧中有很多值得学习的东西，例如文化、词组，说话语气、身体语言……在开始阶段，我建议的一个学习原则是：只学你想掌握的东西。

虽然有些单词你不认识，但是你认为自己掌握它也没什么用，只了解它的意思即可，不需要去深入学习——只要你保持输入，该认识的词早晚都会认识的。

重点学习那些你认为"学完就能立刻用"的表达，这些表达可能极其简单，不要被它表面的简单所迷惑！我们不要去管“这个是不是太简单了”“这个我能不能听得懂”，而是“这个表达我会不会用”“我有没有用过这个表达”这就要求我们对自己诚实，去学这些“简单”的东西。

四、两点小贴士

1. 去掉中文字幕

看美剧的时候不要看中文字幕。如果没有字幕太吃力，可以只加载英文字幕。

如果你英语水平高，可以先不看字幕，看第二遍的时候再加英文字幕，把第一遍的疑问解决掉（还可以把没听懂的地方截图下来）；水平不是很好的同学，可以先带着英文字幕看一遍，然后再裸听，再加上字幕看第三遍（同样要把之前没听懂的地方截图）。

这个方法不固定，可以根据自己的时间和水平调整。这样做的目的是确保输入是有效的。

2. 截图大法

我自己看影视作品时会用“截图大法”。我们可以把自己想要掌握的内容截图下来，放在一个专门文件夹里，截图可以帮我们回忆起这个表达出现的场景，帮助我们记忆，也方便我们日后的温故知新。

这样积累一段时间后，你会发现自己时常会有“这个表达在……里出现过”的惊喜，想忘掉都难了。下面是我看完

F is for Family（《福是全家福的福》）后的截图，这只是其中一部分：

截完图后我会根据所学语言点给它重新命名，这样做的好处是：（1）每一次重命名就是在加强记忆，一定要动手打字，打字的时候顺便把截图中的句子读上几遍；（2）重新命名完就给大脑创造了记忆节点，方便找回。比如你依稀记得有个习语可以表示“长得很像”，但你只记得这个说法的一部分，那就可以通过搜索关键词将它们找回。

有了这个思路就可以通过自定义命名。你可以加入中文关键词，帮助自己复习。积累多了，就会发现很多意外之喜，很多说法会在不同的剧中反复出现。比如去年我在看 *Brooklyn Nine-Nine*（《神烦警探》）时遇到了“20 bucks says ... ”而今年在《福是全家福的福》中遇到了“ten bucks says ... ”。

这样的方式可以让我们不断地进行复习，帮助大脑重新记忆，加深印象。

这两年我用这种方法看了一些美剧和电影，不知不觉就积累了近2000多张截图。每一张截图背后都是我的积累。积累多了，我的表达就更灵活了，看剧的时候也能收获更多的快乐。

有人把影视剧变成听力素材训练听说能力，有人把台本做成阅读素材积累表达，有人一集看多遍反复跟读模仿，这都是很好的学习策略。

想明白了“为什么”学习才会有效果，才能把娱乐和学习良好地结合。在行动中反思和升级，找到最适合自己、最大限度利用现有资源的方式。

第二章

我的英语“碎碎念”：心态满分，比结果满分重要

那年高考，我只考了300多分

高一时，我频繁逃课上网吧，成绩很差。我想洗心革面，于是重读一年。重读的这一年，我谈恋爱了，不过没多久就失恋了——洗心革面没成功，倒是开始变本加厉地混日子。

记得那时候特能作。中午在校门口吃面条时，一定要喝2两半白酒，只为下午能睡个好觉。

后来我被学校开除。换了几所学校后，我实在觉得上学没意思，于是就不去学校了，天天出去混，吃2毛5一串的烧烤，喝2块钱一瓶的“大绿棒子”，去网吧里听歌、玩游戏，包宿后去同学家睡上一天，周而复始，游戏人生。

那时候我一心想去当兵或者南下打工，不过我爸软硬兼施劝我读大学。核心观点是找工作至少得有一张大学文凭，要不然以后寸步难行。我想想确实有道理：身边的那些朋友都能读大学，我要是不读的话，太没面子也太孤独了。

高考那几天下着大雨，考试时我四处张望，对自己完全没什么信心。最后考了300多分。具体分数不记得了，只记得文综考了99分。勉强可以上黑龙江的三本院校。

于是，我读了当地一所大学。第一天报到时，遇到了一个扎着马尾、穿匡威帆布鞋的女孩，我主动和她搭讪，和她一起听歌，突然觉得大学生活挺美好的。新的人、新的环境，我就在心里默默做了个决定：I'm gonna turn over a new leaf！（改过自新，重新生活！）

事实是，新鲜了一阵儿后，我觉得大学也挺无聊。英语专业课大多都是全英讲课，根本听不懂。除了上专业课还得上选修课。于是经常和老朋友们一起玩扑克消磨时间，心里想：熬吧，熬到毕业拿到学位证就好啦。

不过，四年比我想象的漫长多了，即便是熬到毕业，我也不知道该去做什么。慢慢地我感到做什么都没意思，生无可恋。夜里辗转反侧难以入眠，有时不知道想到什么了就止不住地哭，也不知道是为什么难过。

"懂事"大概就是这个样子吧。我想了一段时间后告诉自己：我得做点什么东西，要不然我这辈子就白活了！不知道从何做起的话，就从最力所能及的事儿开始吧，先把自己的专业英语学好。学多好先不说，我相信别人能学会的我也能。"拿不起宝刀、宝剑的时候，就全力练你的桩、站你的马步。"

大概是大二下学期的时候，我开始努力学英语。第一次发现学习这件事，原来这么有意思啊！我买了两本词汇书，做了几套真题，竟然考过了公共英语四级。

越学越兴奋。我接着又买了好几本语法书、《新概念英语》，开始学音标、听VOA；知道了听不懂的《空中英语教室》和读不懂的《经济学人》，开始模仿《傲慢与偏见》中Mr. Darcy（达西先生）的口音，开始读《了不起的盖茨比》。越学越有挑战，也越学越有意思。

就这样，我擦边考过了大学英语六级和英语专业四级，雅思也考了7分。大三考专八的时候，我考了69分，竟是全系第一。当年那个高考300多分的我竟成了别人眼中的学霸。

我觉得挺自豪——原来我也行啊！

大学毕业后我去纽约读研。学校不是什么名校，但我心满意足。我选了TESOL专业，因为想知道英语为什么这么难学，想知道如何学得更好、更快、更有意思。

在美国，我像鱼儿遇到水一样贪婪地学英语。我走哪儿都带个小本子，手机没电或者不方便用手机记录的时候，把看到的、听到的英语统统都记在小本上。有时候开车听到一个有意思的表达，就忍不住靠边停车，查查具体的用法，然后口头造个句。

学校里有个叫GLCC的语言中心，它主要帮助国际学生解决语言和文化中遇到的问题。我每天都会约1小时和tutor们聊天（最多可以约1小时），即便我的时间到了之后还会赖在那里蹭别人的时间。在聊天的过程中，我会默默地把我记在小本上的英文用起来，看看他们的反应，也会让Speech Pathologist（语言病理学家）专业的同事帮我纠音，然后在路上对着Siri疯狂练习。

这样过了两个学期，到第二年开学的时候，我成了这个语言中心的英语tutor（私人教师），帮国际学生改作文、陪他们练口语，不仅能天天练英语还有钱赚。

快毕业的时候，我又陷入了迷茫焦虑，不知道该去做什么。那时候我想去大学做老师，不过听说当大学老师需要有博士文凭，并且硕士和本科的背景也很重要。一想到我的高考成绩，还是算了吧。

临近毕业，我在《经济学人》上看到一篇名为*High-fliers*

in the classroom(《课堂中的成功人士》) 的文章，了解到美国的非营利教育机构Teach for America，也了解到它们的运营模式已经被许多国家采用。我于是试着搜了下这个机构，发现中国也有这样的支教项目。了解了更多信息后，我决定申请成为支教老师，去偏远地区支教两年。

我支教的地方是广东省汕头市一个叫龟山村的小学。那里平均每家都有3个以上的孩子，重男轻女还很严重。许多学生放学后去村里小作坊做工，为家里挣点零用钱。女孩子一般念完初中后就不念书了，因为读高中要花不少钱，"投入和回报比"太低。他们中的许多人都没有机会参加高考。

我第一次理解了为什么会有"读书无用论"的论调。许多人看不见知识的力量，也就不相信了。他们会想，上了那么多年学到头来不还是给人打工？上学还不如玩快手和直播来得实在呢！

我想，分数对他们来说并不重要，重要的是获取和使用知识的意识和能力。我说老师高考才考了300多分，但是后来很努力地学了英语，有了一技之长，现在做着自己想做的事情——通过微信就能教英语挣钱，每年都去国外旅游，能玩最新的没有中文翻译的游戏。

我告诉他们，不是只有在学校才能学习，也不是只有课本上的内容才是知识，手机也不只是可以用来打王者荣耀的。知识不能让你一夜暴富，但是可以让你多一些选择，有了选择才能让人生多些可能，多一份尊严。

那一年的高考成绩，是我的祸也是我的福。

育儿书上说，孩子在成长中最需要的能力是resilience（韧性），它的英文释义是"someone's ability to become healthy, happy, or strong again after an illness, disappointment, or other problem.” 也就是“遭遇挫折后复原的能力。”

这300多分是我缺乏韧性的结果，我不知道如何应对挫折，不懂得如何倾诉，也不相信他人；这300多分也是我重新开始的转折点，它让我懂得原来我是有选择的，让我醒过来，经历一场metamorphosis（质变）。我发现我是可以有价值的，我也有能力成为一个认真的人，我也可以努力让我身边的人和这个世界，因为我的存在而有那么一点不同。

当然，如果当年我能考600多分，考上更好的学校，与更出色的同学一起学习，我一定非常乐意，我的父母一定也非常开心。不过我没有，我只考了300多分，我改变不了这个事实，也回不去。我只能往前看，向前跑，再勇敢一点儿，让下一个路口可以有更好的选择。

如果你和我一样好多年前参加过高考，不管你现在过得怎么样，希望你有一份倔强，也有一份韧性。承认并且接受那些让你不舒服的情绪，然后和它们相处、讲和。

如果你刚刚高考完，我想和你说，不管成绩如何，这是结束也是开始。高考只是一个转折点，你还有更多的槛，更多的挑战和惊喜等着你。

我还想提醒你，不管你以后学什么专业，一定要学好英语！最好把你的专业从一开始就和英语结合起来，读一读国外的教科书，了解一下专业领域的最新信息，让英语成为自己的左膀右臂。

对了，当年那个扎着马尾、穿匡威帆布鞋的女同学，她成了我的老婆，孩子的妈。所以呢，也祝你好运。

出国和考研，哪个才是你的人生转折点？

说到“人生转折点”，我想不到有什么具体的“点”，而是许多因素混合在一起，它包括：对当下的迷茫、未来的恐惧、自己的身份、求知欲、好奇心、爱情等。它们在我读大二的时候汇聚在一起，让我恐慌又兴奋，推着我向前要为人生创造一个意义。

讲真，英语专业是我爸让我上的——这可能是他为数不多的正确选择。我为人生创造意义的第一站是把专业学好。学语言让我接触到了文学和文化，让我知道世界这么大，历史这么久，我们可以有更多可能和选择。

毕业后我有幸去美国读研。留学两年让我懂得如何独立生活，贫穷和孤独让人变得坚强。留学毕业后我也不知道自己究竟能做什么，于是选择回国支教了两年。但这两年支教让我更加认清自己，在这个阶段读了很多书，提升了基本的表达和思考能力。

回头一看，从开始认真学英语到支教结束，这六年让我完成了入门、实战、历练。可能当时社交媒体环境和现在不同，噪声比较少，我也不混什么圈子，更关心我自己做了什么、有什么进步。几年过去，学习的能力和心态持续在提升。

要说有什么转折点，那就是留学时开始写这个公众号吧。这也是我为什么一直鼓励我的读者多记录、表达和分享。从记录英语知识到生活，我不断在琢磨和尝试，在这个过程中我认识了一些人、和一些人打过交道，也让我明白很多事情都没有答案，开心和幸福是一种能力。

回想我这些年，没什么大起大落，没太多高光和至暗时刻。20岁前没心没肺追求与众不同，呼朋唤友觉得日子轰轰烈烈。20多岁，慢慢意识到我想为自己负责、愿意主动承担我的人生，追求自我成长和创造价值，日子感觉平缓了很多。

这个转折点我也不清楚是来自哪里，可能是我一直觉得自己是被爱的，可能是基因里的敏感和乐观。“转折点”的英文是turning point，还有一个相关的词是metamorphosis（质变），化茧成蝶那种蜕变。

送给你一句话：“You must want to be a butterfly so badly that you are willing to give up being a caterpillar.”（你一定是太想成为一只蝴蝶，以至于你愿意放弃成为一只毛毛虫。）

那些关于学英语的扎心话

（1）如果你学英语很久了，但你的焦虑和疑问还是“有什么好方法？”的话，那你缺的一定不是什么好方法，而应该把自己做了什么、想做什么、为什么这么做都罗列出来，只要敢这么做，就“破案”了。

很多人可能是不敢面对真相，捏造一个凶手自己吓唬自己。先把“好方法”放一放。其实大家缺的不是方法，是行动，一开始用最笨的方法就是最好的方法。

（2）不是学不好英语，可能你什么也没学好。不过，别沮丧，换个角度看：只要能把一点点小事做得稍微好一点点，那就能把所有的事做得越来越好。当初觉得难的事情不也搞定了吗？

（3）你不是不读英文书，中文书也很久不读了吧？你不是不背单词，中文也荒废了吧？要相信，认真说话和写字同样也是认真生活。

（4）许多问题换一个角度就能打开一扇门。比如“阅读速度慢”，它可以是做不好一件事的原因，也可以是读得少的结果。把它定义为原因后，就会不断告诉自己我不行。但是如果把它看作结果，顺着它找到自己的行为路径，稍稍拨动琴弦，结果就会一点点改变。

（5）学英语最常被问的问题是：怎么才能记住不忘？要知道，即使是在英语最差的时候，我也没问过这样的问题。不是我不急不躁，而正是相反：我觉得有这顾前怕后的工夫还不如刷词汇书、读读英文原著，把自己沉浸在语言中来得实在。

不要追求“记住”，而是追求“想忘都忘不掉”。听起来是一回事，但背后暗示的心态和策略不同。“记住”害怕忘记，拼命记；而“想忘都忘不掉”是把忘记当作常态，向死而生，向忘而记，要做的是多用。

如果想进步，就做，而且多做。养成了基本的习惯，提升了水平后，云开雾散，越学越爽。不过大多数人的问题是还没有开始就已经结束，一直无法体会学习带来的乐趣。

（6）当你学习某种技能还没达到完全掌握的程度时，很大概率是不进则退，而且退步的速度远远快于进步的速度。真正的学习状态是细水长流、步步为营。以月或以年为单位看自己的进步，不是看心情、看别人做什么自己也不能落下的FOMO（Fear of Missing Out，是一个网络流行语，是指害怕错过朋友圈里发生的事情）。

凡是能把一件事做得稍微好些的人，一定是经历了漫长的综合技能训练。在这个过程中不仅精进了专业技能，还练习了心态、培养了习惯、锻炼了解决问题的思路。我们不能长他人志气而灭自己威风。

（7）当你觉得别人比你强一点点时，其实还很远很远。我们无法用一段时间的努力达到别人多年修行的效果。

人都有那种一夜醒来获得超能力的幻想，希望像哆啦A梦那样有个百宝口袋。幻想可以有，但学习没有尽头，这也没什么沮丧的。人生的意义在于创造，能通过学习获得启发、通过践行超越自我就能感受到幸福。超越自我听起来也没那么难，做一件没做过的事，学到一个新知识或悟到一个道理，就已经是超越了。

（8）无畏前行，心中有数。知道自己怕什么，想靠近什么，能改变什么。这样就可以不断原谅自己、不断鞭策自己，有勇气主动选择——“以一种非天真的方式去冒险”。

如何养成好的阅读习惯?

我自己养成阅读习惯的方式很简单：一本一本读，硬着头皮读。遇到不认识的词就查，看不懂的句子就琢磨或请教别人。遇到有启发的地方就用公众号、微博、朋友圈写条读书笔记。把书中的内容应用到生活中。

这样做了几个月，甚至到几年，一定会养成很好的阅读习惯，英文水平也会大大提升。

我不会想太多细节操作，比如阅读时该不该查词？读什么样的书？看到别人推荐的书我就去读，觉得难度太大的就放弃。我也不用什么取词工具、阅读神器App，一本书、一套词典、一个搜索引擎足矣。

我想我们并不缺什么阅读方法，缺的是相信阅读的价值，缺的是相信自己和付诸行动的动力。

美国股权众筹平台的联合创始人Naval Ravikant（纳瓦尔·拉维康特）说过："Read what you love until you love to read."（阅读你喜欢的东西，直到你喜欢阅读。）

一开始一定是从兴趣出发，体会到读书可以帮助自己思考、解决问题，当尝到了甜头自然会爱上阅读。

不过要注意，这里的read并不一定是一字一句地读，甚至也不是读完。读几页后可以逐渐加速，如果觉得书无趣那就放弃或者快速翻一遍。要读的书太多，每读一本都有所收获就好，不要觉得自己在作弊。

纳瓦尔·拉维康特还说："I don't actually read a lot of books. I pick up a lot of books and only get through a few which form the foundation of my knowledge."（实际上我读的书不多。我拿起了很多书，但只读了一些构成我知识基础的书。）

这是大原则，具体放在英文书阅读上，可以从这个思路出发，然后确定主要阅读目标。比如：

（1）阅读只为学英语，本质上是把一本英文书当作语法书或词汇书学习。

（2）阅读只为获取内容：抓住核心主题（the gist），读懂关键概念即可。

（3）读书，顺便学英语：读懂内容的同时赏析、学习语言，这种做法收获最多但也最耗时，但对阅读技能要求更高。

你想收获阅读，那花费的时间就更长。想要用更少的时间收获更多，那就要花必要时间和精力训练阅读基本功，没什么秘诀。具体读什么书、怎么读、在哪儿买书、选择纸质书还是电子书其实都不重要，但大多数人喜欢看这类指南，因为容易让人产生幻觉——觉得掌握了某个方法、有了某工具就能一下养成阅读的习惯。回归到问题的本质，只要你做下去，最终都能达到那个水平。

纳瓦尔还提到过simple heuristic（启发式）："If you're evenly split on a difficult decision, take the path more painful in the short term."

这句话的意思是，如果你无法下定决心去做一个艰难的决定，那就选择短期内更痛苦的做法。可能一开始没那么舒服，但每一次的痛苦和困难都是在训练大脑的阅读技能。慢慢地，你会发现你人生中最有收获的经历都有这个特点。比如健身，刚开始会面临各种痛苦，但长期看我们收获了自律和健康，太值了。

先别去想这本书难不难、适不适合，别怕读到烂书，甚至觉得读书浪费了你的时间。阅读能力是在一次次尝试中才得以提升的。它如同恋爱，如果你爱了一场最终没能结婚，那这段经历就是浪费了吗？

英文书的选择要考虑语言和内容，一开始可以优先选择语言比较简单的读物，等到语言水平提升就可以以内容为主。从个人成长的角度看，我们要多读经典，了解各学科的基础知识，从阅读中提取mental models（心智模型）供自己更好地决策和生活。

如今我们的生活离不开社交媒体，我们的大脑也开始偏爱那些短平快的碎片信息。但社交媒体上的只言片语至多是dopamine snacks（多巴胺零食），并不是学习的最佳平台，注意力也会因为太多的碎片信息而变得难以聚焦。但我们可以利用这种社交媒体的碎片习惯去看书——可以用刷微博吃瓜的心态和方法高效吸收书中的知识。

纳瓦尔说他用推特做读书笔记，由于有字数限制，他必须以精简的文字去表述，这就锻炼了文字表达能力。把自己的所学用这种方式讲给他人，我们就能梳理和内化这些内容。他人看到了可能会转发、点赞，这对自己也是种鼓励。

既然无法隔绝社交媒体，那就别把它当敌人，把它当作工具为自己所用。

阅读的方法，其实怎么做都对，有了“想”的念头，就去做，否则干脆就别想。把注意放在那些“听上去有点难”的事情上，熬过磨合期走出“新手村”，你会发现这点辛苦无比值得。

它适不适合用来学英语？

经常会被问道："……适不适合用来学英语？"

我可以简单地回答适合或不适合，但这样做意义不大。重要的是理由。适不适合因人而异，主要取决于学习目的、愿意花多少时间、肯付出多少努力。

儿童绘本、文学名著、各类畅销书，网剧、脱口秀、好莱坞大片，都是很好的学习素材。学习素材适不适合自己，没有人比你自己更清楚。你学完之后，问问自己喜不喜欢，有没有收获，这个不行就换下一个。但如果哪个都不行，一直在苦苦追寻那个"真命素材"，那说明是你学习能力有问题，别甩锅给素材。

无论是读书、学英语，还是职业选择甚至人生规划，我们都在不断权衡、做着各种选择题。你适不适合文科或理科？男生适不适合当护士？女生适不适合当总统？你的身高适不适合打篮球？等等。

你觉得适合就适合，你觉得不适合那一定是你心里权衡后的结果。

别人一句适合或不适合解决不了根本问题，他人的建议只能帮我们补充权衡的维度。如果我女儿问我这类问题，我只会帮她一起分析可能的利弊，最终那个答案一定由她自己得出。

我从来没问过别人我的水平适不适合读《经济学人》，我就自己去试，发现它有难度后，我就开始想：我如果把这个难度搞定了，那我一定会进步很快。于是我就开始读，一年之后我就能开班收费讲课了。

我也没问过别人我适合读什么样的书。很简单，我找个电子版，试着读一读，读不进去就先放弃——没有什么书是非读不可的，还不如先读短一点、简单一点的，读一读通俗易懂的畅销书，还能学点口语表达，多值！

但我也有死磕、自讨苦吃的时候。虽然选择要读的书很厚，翻开第一页就头疼，不过没关系，我想通过这本书训练自己的阅读肌肉，让它有耐力，让我从此以后见到大部头不再害怕。记得我刚开始学英语的时候，真是硬着头皮读完了《了不起的盖茨比》《无名的裘德》。可能当时也读不出什么名堂，权当背单词了，但是通过它们我建立了阅读自信。

适不适合就在一念之间，此刻的不适合很快可能也就变得适合。我们担心的可能并不是适合与否，更深的驱动力在于我的投资值不值得，这样做能否把利益最大化。本质上和你选择职业、婚姻是一个问题。说白了，就是我们都怕吃亏。

想要少吃亏，想事半功倍，那得有这个能力。多多和人接触、多读书、多试试不同的工作……每一次都努力认真，分辨是非的能力自然就会提升。即使在别人看来你“吃亏”了，但你自己知道通过它更新了认知，升级了自己的“操作系统”。你变得更强大、更自信、更自由。

什么样的工作适合我们？什么样的人适合和我们结婚？

享誉世界的日本著名实业家稻盛和夫说：“你必须热爱你的工作！刚开始读到觉得吃惊，越想越有道理。既然你都不知道你热爱什么，那就热爱你正在做的事情，为它付出不亚于任何人的努力，当你这样做了，你会发现你没法不热爱它。”

日本作家岸见一郎、古贺史健在《幸福的勇气》中也说：“我们有爱每一个人的能力，因此你选择和谁结婚只是一个决定，而不是找到命中注定的那个人。”

适合不适合最终是你的选择，它需要勇气，它意味着你要为自己的选择负全部的责任。

有人选择了那条大道，有人选择了鲜有人走的路，都挺合适。不行你就走一半回来，再走另一条。人生在世，不就是活个体验嘛！

少打卡多学习，把朋友圈还给朋友

我支持利用打卡的机制学习，给自己设定目标后用打卡的方式督促自己完成。但我反对为打卡而打卡，卡打了不少但对学习并没什么帮助。

朋友圈打卡是个很好的设计，但是从学习的角度看，我认为害处大于益处。朋友圈打卡，打来打去，可能最后不仅把朋友“打”没了，英语也没进步，自己还很苦恼：“我这么努力勤奋，为什么还没有进步？”

选择用朋友圈打卡学英语，我想主要有以下三种类型：

第一种：你看，我学习了，“证据”在这里，每天学一点，离梦想近一点。

第二种：我要拿回“押金”，我要坚持，坚持，坚持就是胜利！

第三种：今天的学习内容很精彩，我想把它分享给更多的人！

我想大多数人属于前两种。

学费便宜，学习强度低，抱着学总比不学好的心态加入，新鲜劲儿过去后就养成了“打卡即学习”的幻觉，并且乐此不疲。这样做不仅很难取得进步，反倒是养成了“有人喂才会学习”的心态和习惯。

当然，有很多朋友从朋友圈打卡中获得收益，真正利用打卡的机制让自己养成好习惯。但我担心的是过于依赖外部激励走不长远，也比较无趣。我曾经晨读过730天，最后一天我写了篇文章分享心得，其中最重要的一条是：放弃执念，不要坚持。打卡引进门，修行在个人，若是有了学习的习惯，就试着丢掉拐杖走一走吧。

如果你一定需要用打卡才能坚持的话，我想你还是学得太被动，最后也就是个打卡水平的英语。

如果你是上面说的第三类人，我也想鼓励你要更主动地学习。曾经打卡可能是你的主食，慢慢地你可以把它当成开胃菜或者点心，主动学习自己觉得有点儿吃力的内容，因为那样会帮助你突破瓶颈。希望你也主动分享你的所学，用老师们教给你的方法自己也能做到“以教为学”，你将收获更多、进步更快。

少打卡，多学习。“焦虑刚露尖尖角，早有营销立上头。”警惕商家们的广告影响和心理操纵。你的行动应该配得上那颗努力和上进的心，而不是把它全权交给他人看管。把朋友圈还给朋友。真的没有必要天天打卡，可以让自己的朋友圈更有价值。对自己是总结和消化，对他人是分享，利人利己最可爱。

如果你喜欢打卡这种方式，我想鼓励你走出舒适区，做点稍微有挑战的行动让自己进步，享受学习之乐；如果你大多都是为了打卡而打卡，我想这对你的学习和思考都有害，不如做减法重在利用消化资料，对自己诚实、诚实、再诚实。

最后想说个我的经验：尽量把你囤的资料学完。你敢保存、敢收藏、敢下载，就要敢使用起来，不是吗？否则，给你都别要——你的焦虑正是来自这些看起来很美的陷阱呀！

自律给我自由

“自律给我自由”是一句人们常挂在嘴边的话，那什么是“自律”呢?

我对它的理解并不是几十年如一日做一件事情，不是打了多少次卡、积累了多少数字。“自律”是通过给自己设定一些准则，然后尝试做一件事情，在这个过程中体会学习，继而更想做、也知道该怎么做下去。

迄今为止，我晨读了1000多天，从连续几百天每天5:00起来晨读到每个月10天4:00起床准备晨读，这是自律吗? 在我看来并不是。我选择晨读是想让自己不熬夜，想知道早起早睡是一种什么样的体验，然而1000多天过去，晨读成了我的工作方式和生活习惯，是我自由的选择。

那什么是“自由”呢?

自由不是为所欲为。自由也不是完美和无敌，因为学习中会发掘自己越学越无知，渺小。在我看来自由是接受和相信。

拿语言学习来说，每天读几页书，并从中学几个语言点，在你读完两三本书之后，很容易实现“阅读自由”。还是有很多读不懂，但已经可以接受这些不足，也知道该怎么做。就如同我健身一样，一开始是在饮食上斤斤计较，每餐都会计算热量和营养值，现在是想吃啥吃啥，因为心里已经有数——如黑塞的作品《悉达多》中那句“I can think, I can wait, I can fast.”（能独立思考并提出好的问题，能有长远的计划并长期坚持做，能忍受磨难和强复原能力以及高抗击打能力。）

我可以日更几千字的公号文，能拍视频做播客，也能心安理得地躺平。骑重型机车，和家人朋友在山林中露营，接受努力刻苦，也接受“浪费生命”。这份别人眼中的“自由”来自我几年里不停地自律和尝试。

自由，在我看来是审美训练，让自己从不同角度看待工作生活和自己。永远都会有各种不足，有焦虑和panic attack（恐慌症），但知道这都是人生的一部分。

自律和自由的核心是“自”。我们永远都要做自己。人生苦短，自律给谁看？什么是自由，要它做什么？人生的意义由自己创造，苦乐只在一念之间，牢笼和自由也是自己创造的概念。

能一直做下去的方法才是好方法。让自己持续有体验新事物的快乐、学习中的挣扎和get-things-done（把事情做好）的成就感，早晚都能达到那个心心念念的目标。如果你设定的那个目标已不重要，也不需要证明给谁看，也许就是所谓的“自由”吧。

别多管闲事，学会屏蔽噪声

这里的“多管闲事”不是坐视不理、袖手旁观看热闹，而是指用基于自己的习惯和准则，以有限的见识和认知要求别人也这样做。如果你不是一个决定和行为的最终负责人，别人也没有寻求你的建议，别故意打着“我是为你好”的大旗告诉别人该怎样，尤其是你对这个人根本就没什么了解。

别以为自己会什么读心术，我们能做的就是分享：如果我遇到这种情况，我会这样做，这样做的前提和考量是什么……

反过来，要学会忽略一些“噪声”。

我们也别太在乎别人的指指点点和建议，那些有参考价值的建议对你来说也许并不高，可能只会让我们变得更不敢尝试。忽略一些声音不是高傲自大。人就是不完美的，做一件事情背后有无数考量，达成一件事的方式和手段也有无数种，自己知道自己在做什么就好了。别人的话可以当作提醒，但别让别人代替你思考和抉择，如果在乎那就在乎那些“过来人”“业内人士”或至少讲逻辑、有善意的建议。

越来越觉得很多时候我们其实不需要什么建议，而是倾听和鼓励。

改变不是来自一两句话或一两本书，而是更加认识自己、确定自己想成为什么样的人，也只有自己有那个答案。你自己都不知道自己想要什么，别人的建议又有什么用呢？别人眼中的美好不见得是你心中的月光。

多鼓励自己和他人，一句“加油呀！”可能更有帮助。主动屏蔽一些声音，如果有些声音给我们带来更多的是不适，远离就好。在这些主动倾听和屏蔽中间所做的权衡，可能就是生活的智慧吧。

用最小的力气，做好一件小事

做了好几年的晨读课，在课上反复地读英文原版书、练发音和学口语。几年下来，我最大的感受是“慢下来”比“快”难得多。

我给学生最多的反馈是少练一些，但要练精，别追求大而全，能先把五六个词念清楚，把一句话先模仿到位，自然就能搞定一段甚至一篇。

我记得刚去美国读书时，课堂上听同学发言，印象很深的是他们念lot这个词，会念得很夸张。为了能和他们的o音发音同步，我偷偷地练lot练了一个星期。我的th也念不准，每天上下学走路就把能想到带th的词都夸张说一遍，还把它们组成句子。音标都懂，但舌头和耳朵不灵，天天跟Siri对话练习，它能都听懂。只要有机会我就练，两个星期下来才能念准一些，紧张的时候还难免被打回原形。

这样的糗事、错误、不足有很多，几乎每天都存在。但只要一次次发现问题，持续改进，语音面貌就会慢慢地变得更放松、更自然。对语音更敏感，对自己也更自信，也更愿意多读、多背、多用。一个正向学习闭环才得以建成。

我读过Timothy Ferris（蒂莫西·菲利斯）的书，他的学习能力非常强，内容多以实用为主，他在学习中不断尝试调整策略，对我的启发很大。在*The 4-Hour Body*（《每周健身4小时》）中他开篇提出一个理念“The Minimum Effective Dose: The minimum effective dose（MED）is defined simply: the smallest dose that will produce a desired outcome.”

简单说就是用最小的力气，做好一件小事。把力气放到最核心的地方，力气小到能产生效果就可以。慢下来比无脑增加时间感动自己更有效，也更难。

与其追求自律，不如聚焦问题关键，一次解决一个小问题，持续做下去。如果不能长期做一件事情，比如每天拿出两个小时读英语类书籍，那不如把目标设为每天10分钟。高效、主动地利用这10分钟，能力和水平也会提高。等能力有所提升，就能在最短的时间内做更多的事情，也更有能力和习惯耐下心来多读一点、多学一点。

其实我的英语语音依然有很大进步空间，甚至还经常犯一些低级错误，但这已经不再影响我学英语、用英语。因为我知道能练好一个词就能练好一句，能练好一句自然就会了十句。这个练习过程教会我耐心和诚实，要找到问题的关键，而不是左一下右一下，时间精力花了不少但只是在问题表面打转。

有人说“Do More”（多做），有人说“Less is more”（少即是多），它们并不矛盾，都是做事的心态和策略。觉得太闲了，多做点事情；觉得压力太大，聚焦最关键的问题。

在*The 7 Habits of Highly Effective People*（《高效人士的7个习惯》）一书中说到，我们的很多烦恼都来自把大量的时间和精力放在那些紧急的却不重要的事情上，其实一个积极健康的状态是把大量时间花在做一些重要但不紧急的事情上。比如健身运动、读书、写作，短期可能看不到什么效果，但持续做下去再给自己提更高点的要求，你会发现这些能力和习惯可以帮你做成你想做的任何事情。

Eric，听了你的播客后我更焦虑了

在微博上收到过这样一条私信，对方说自己是个大二学生，刚听了我在播客“Steve说”的内容，在听到我说“如果学不好英语，可能啥也学不好”后，觉得自己更焦虑了。

先说说，为什么我会说“如果学不好英语，可能啥也学不好”？

如果你完整地听了播客，在那个语境中我想表达的意思是：学习技能是相通的，你能做好一件事情就能做好另一件。如果学了这么多年英语还觉得自己没学好，那一定是学习策略上有问题，也很有可能在学习其他技能中存在一些问题。而这里的“学不好英语”并不是指具体英语学到什么水平。我记得我在播客中还说了“如果你本来是个小傻瓜，那只是学了点英语知识，可能就成了一个会点英语的小傻瓜”。我想表达的是：学习任何技能最重要的是学习过程中带来的感悟，这个感悟可以帮助我们更好地生活，而不只是盯着这个技能表面的知识。

这条留言给我最大的感受是：别让在任何地方听到或看到的一两句话轻易影响自己。

我们要听别人说了什么，更要听别人为什么这么说，在

什么前提、从什么角度上说，这样才能从表面的焦虑变成交流和学习。

别因为一个人、一本书、一句话就变得焦虑或者不焦虑了。这些情感和认知反应来得太快，没什么营养，至多是精神糖块。

我们大多时候觉得有道理，是因为别人说出了我们想说的话，用某种语言技巧让我们感同身受。但是要警惕在寻求抱团取暖的同时，不能活在echo chamber（回音室效应，指人在交流中，只承认或接受与自己观点相近的回应）中。“Be very wary of opinions that flatter your self-esteem.”（对那些迎合你自尊心的意见，要十分小心。）比起认同，获得新的角度和挑战固有认知更可贵。

那些看起来突然的改变和领悟，一定是来自长时间的思考和行动，如果因为一句话或一本书就改变了，也很可能因为另一句话或另一本书就变回来了。要警惕这种虚假的顿悟。

我们的信念应该来自反复纠结和思考，而不是抖机灵的段子和断章取义的安慰。认识自己的本质是不断跟自己杠，只有不断矛盾、不断反驳自己才能有自己的观点和态度。

我写文章或发微博，不是因为我觉得自己多么权威、多么正确。恰恰相反，正是因为我自己没有答案，甚至没有观点，才用写作这种方式记录和思考。我在《记一篇写在30岁的成长日记》的公众号文章中说过，我说的一切都只是我自己某个阶段的探索和心得，不要把它们当作什么。

不做任何人的脑残粉（包括自己）。“Take everything with

a grain of salt."（凡事都要谨慎。）不让任何人帮自己做决定，自己也别替他人做决定。还没有自己成熟的观点没关系，但不要随便把别人的思考照单全收——尤其是那些只说结论没有理由、不讲逻辑的俏皮话。

想和外国友人谈笑风生吗？

没去清迈前，一天凌晨，我在北京的家门口的一家7-11便利店买了点儿东西，出门时看到三位外国友人貌似在看地图。我走过去问了句："Can I help you?"

原来他们正在寻找在*Lonely Planet*（《孤独星球》）书中介绍的一家火锅店。我帮他们查了查，发现那家店已经关门，确定他们的需求后，我给他们推荐了附近的一家我去过的火锅店。因为很近，我就陪他们走了过去。

路上随便聊了聊。原来三位朋友来自西班牙，都是老师。Lucia（露西娅）教体育，David（戴维）教法语，Rocio（罗西奥）在德国教小提琴。他们仨是高中同学，这次是结伴来北京玩。

这是他们来北京的第二天，还从来没吃过火锅，更不会说中文，于是我决定陪他们去吃，告诉他们该怎么吃老北京铜锅涮肉。正好《经济学人》前两天刚写过火锅，我顺便用到了其中的内容，分享了我知道的火锅文化，我们聊了一个多小时。

吃完我们又去了附近的一个酒吧。他们觉得此次中国之旅和以往的旅行有些不一样，令他们不解的是"为什么中国人不回应他们的微笑？"我试着用自己的理解解释中国人处世之道，这让他们对中国文化有了了解。虽然只是路上偶遇，天南海北地聊到4点多，最后我叫了个滴滴送他们回了酒店。

分享这个小故事是想说，很多时候人与人之间沟通的开始只需要一句简单的问候。和他们聊天中我收获很多，这同样也是他们第一次和当地人聊天、吃饭，可能旅途中也会多一些好玩的回忆。

如何和外国友人谈笑风生？我总结了下面的“聊天套路”。

我们中国文化中内向、含蓄、好面子的基因，往往让我们不敢主动和他人聊天。另外就是很多人不会聊天，这一点和语言水平并没有太大关系，而是缺乏同理心，不知道该说什么。这样导致的结果是，我们学到的英语没法用起来，无法让英语发挥与全世界沟通的实用功能。这样只会让你变得越来越不敢说、不愿说，最后只能自嘲学了个假英语。

我们每个人都是独一无二的，有独一无二的故事和观点，也有idiosyncrasies（个人特有的习性）和peccadilloes（小毛病）。我们不需要假装和迎合，只要有一点儿同情心和“套路”就足够了。

帕特里克·金的著作*The Art of Witty Banter*（《诙谐调侃的艺术》）是一本讲聊天套路的书。我从中学到了社交的两个聊天套路和两个注意事项。

一、HPM: History, Philosophy, Metaphor（经验，态度，隐喻）

History是指个人经验。可以使用的话术有：That reminds

me of the last time I … / That’s just like the first time I …（这让我想起上次我……/这就像我第一次……）

Philosophy是指你的观点（your personal stance, take, or opinion on a specific topic）。可以使用的话术有：I’ve always loved/hated … because …（我一直喜欢/讨厌……因为……）

Metaphor是指这个话题让你想到了什么相关话题。例如我们正在聊英语学习，相关的话题可能是Russel Peters（罗素・彼得斯）模仿中国人说英语的段子，也可能是英剧*Mind Your Language*（《请讲普通话》）。可以使用的话术有：That makes me think of … / Isn’t that similar to …（这让我想起了……/难道不和……相似吗？）

任何一个话题都可以从这三个维度出发，简单有效，解决无话可说的问题。不过要注意HPM的策略是把注意力放在自己身上，即“我”如何接招拆招。

比HPM更实用的是EDR——把注意力放在他人身上，借力用力。

二、EDR: Emotion, Detail, Restatement（情感，细节，重述）

Emotion是关注并评价他人的情感。例如“You sound really excited about that.”（你对那件事真的挺兴奋的。）这样做的目的并不是要“猜中”他的情感是什么状态，而是利用评价情感产生话题。

Detail是聊细节。从5W出发（who, what, where, when,

why)，think of yourself as a detective sifting through different clues to solve a mystery.(把自己想成侦探一样，筛选各种线索去解决谜团。)

Restatement是重复或总结别人说的话。这样一来可以让对方知道你一直在认真听他说话，另外还可以让聊天继续下去。

这一招对我们英语学习者来说特别有效，通过重述，我们可以确定是否听懂了对方在说什么。当不知道该说啥的时候，一句“Really?”可能就够了。

三、Create a conversation resume(创建一个“聊天简历”)

我们去面试的时候会准备简历，聊天时也应该是这样。如果我们不能出口成章妙语连珠的话，可以提前做些准备。

“A little bit of preparation goes a long way.”(一点点的准备也会有很大的帮助。)要相信幽默和“有趣”是可以训练的，因为每个人都有有趣的一面。

四、Never speak in absolutes(少说绝对的话)

少问绝对的问题。例如“What is your number one favorite … ?”(你第一喜欢的是什么？)因为这样的问题会put people on the spot(使人们为难或尴尬)，让对方难以回答。

更好的问题是给这个问题加上一个范围限定，例如

“What are some good movies you’ve seen recently?”（你最近看的比较不错的电影有什么？）

聊天要走心和动脑。走心是说要有同理心，要真诚；动脑是要把聊天这件事当作一个技能去学习和练习，有备而来，“聊”有所得。和外国友人沟通，最大的一个感受是：口语能力体现在能不能主动创建话题、能不能讲一个完整的故事。

这不只是英语水平问题，也涉及沟通技巧。如果每次总是在自己的圈子中倾听和附和，试着练习表达观点的能力。策略上可以提前准备一些open-ended（开放性）问题，准备自己觉得有意思的小故事（用最简单的词、最熟悉的句式）。

不要做“老油条”，要做一个像“特氟龙”（Teflon）——smooth and slick, always go with the flow（八面玲珑，顺其自然）一样的人。

保持好奇，故意笨点

2020年1月的晨读课上，我和社员们读了一本小书，是美国作家史蒂芬·盖斯写的*Mini Habits*(《微习惯》)。其中一章是作者从大脑构造出发说明为什么mini habits行之有效。

和习惯相关的大脑组成有基底神经节（basal ganglia）和前额叶（prefrontal cortex）。基底神经节这部分负责发现我们的行为规律，然后把它自动化。它的本质是为大脑减负，我们常说的“习惯”就在这个区域；前额叶主要负责发号施令、运筹帷幄；我们常说“自控力”就在这里。

《微习惯》的原理是利用最少的自控力养成mini habits，最终就有了“习惯”。它们两个互相依赖、制约，最终都是为我们服务。

于是，我有个小想法：大脑善于总结规律，我们要给它更多信息让它观察和总结；大脑追求高效，我们要逼它做一些它想偷懒的事情。

把这一点和英语学习结合起来，我把它称为英语学习中的“聪明”和“笨拙”。

我在《我是如何读懂〈经济学人〉》的公众号文章中分享了读外刊的经历。其中模仿优秀的人，就是聪明的做法——

已经有成功的案例在前，我们不需要做无用功（reinvent the wheel）。

另外，能动手的一定要自己动手。自己找资料自己搜索答案，亲力亲为看起来可能比较笨，但是这个过程中有探索和试错，大脑今后会更高效地为你服务。

其实，在英语学习中，我有一些“小聪明”。

我会主动看前辈的书，向他们偷师学艺。比如我读葛传槼先生的《怎样读通英文》和《再会，契普斯先生》，主要学习他的理念和方法；读陆谷孙先生的《余墨集》，了解他的学习经历和教学经验；读叶子南老师的《英汉翻译对话录》，学习他的翻译技巧和方法。

看到别人推荐或分享的书，我都会至少翻一翻。能从一本书中学到一两点自己没注意过的地方，就已经赚爆了。

我会利用各种学习工具，让外部力量助我一臂之力。在我意识到语言学习的本质就是大剂量地输入输出时，我便开始写公众号、发微博，用输出倒逼输入。我利用社交媒体给自己创造成就感、使命感，用付费社群逼自己创造高质量的课程。

在学习、写作、运营和分享中，我强化了大脑的总结和迁移能力，建立了良性的循环系统。

我也会故意让自己“笨拙”一点。我会用貌似低效的方式查词典，比如要学习一个单词，我要亲自查词典，看见中文释义后我还要看看它的英英释义、例句、常见搭配、语法现象、同义词等，是不是听起来比较浪费时间？但这样一套“组合拳”操作，让我对一个陌生的词有了更多的了解，让我更有可能记得住、用得出。

有时我也会故意不使用复制粘贴。学到一个说法，如果我掌握了，我会结合我查到的资料把它讲出来，而不是直接复制粘贴词典释义。写文章时我从电子书中引用英文，很多时候我也不是复制粘贴，而是手动敲一遍。边敲边默读，敲完再试着复述一遍。貌似费劲，不过多花了一两分钟我就加强了记忆，做了个迷你朗读或背诵练习。

我还会故意重复和啰唆。语言学习的本质就是不断重复。练习语音时，我一小段一小段地重复，把自己不熟悉的声音重复听，把自己念不好的发音重复念。我会找机会把我学的东西用起来。如果走在路上我突然想到一句话，我会想，这句话可以怎么说？还可以怎么说？有机会用的时候，我故意啰唆一点，把我能想到的说法都用上，试试哪句更合适。

大多数人都不是天赋异禀，而学习前辈或牛人的解决方式就是相对聪明的做法。当我们没有完美的解决方案时，就用最笨的方法，因为每一次笨笨的行动都是扎稳马步，这是“being strategically stupid”（笨拙的策略）。

《微习惯》一书的开篇说“If you fail using a particular strategy more than a few times, you need to try another one. It doesn’t matter if it works for everyone else if it doesn’t work for you! This is a lesson I wish I had learned years ago.”

意思是说，如果你一直按一种方式做一件事情，几个月几年下来依然没什么效果，我劝你就不要苦苦坚持了。没必要，也不值得。但我并不是劝你放弃，而是想提醒你：在“策略”这一环上做一些优化调整。如果方向都是错的，那坚持的意义也不大。

许多人愿意花大价钱听课、找名师，却不愿花几十块钱读读书，学习这些牛人的过人之处。我们往往只看到了他人的成功，却不愿意看见他背后的努力。许多人愿意相信商家的话和产品广告，买一堆故弄玄虚貌似高大上的产品，却不愿意发现自己真正的问题究竟出在哪儿。

最值得践行的道理通常都简单到让你不敢相信。不聪明，就主动选择笨拙；不高效，就主动更换策略。

主动搭讪，佛系社交

我经常在读者留言区收到一些人想做兼职的信息，每每看到这样的留言，我总是想聊聊社交。

大多数“是否类”问题比较低效，无论对方怎么回复，接下来都会变得更被动。我认为更有效的沟通方式是先主动表述自己的需求，即你是谁、能提供什么样的帮助、希望获得什么。

提前做功课，想一想对方需要什么样的信息和帮助，偏好哪种沟通风格，自己能够争取到的机会也会更多。

虽然我并不需要有人帮我做兼职，但是如果有人主动提出可以在某方面帮到我，若是我觉得确实可以，我会非常愿意合作。即使合作不成我也非常感谢，并且愿意和这个人聊一聊，可能还收获了一位朋友。

说到社交，我给大家分享一个小故事。我老婆Lydia（莉迪娅）说在小红书上关注一位博主，经常能看到她和我们女儿学校的老师们一起玩，觉得挺有意思。

这位博主叫Shannon（姗姗），其实小红书上关注她的人并不多，她发的内容也不多，不过我觉得很真诚、很有趣。她喜欢看书、运动，聊到和教育相关的话题就停不下来，于是我就鼓起勇气给她发了条私信：

“Hi! Shannon，我叫Eric, 目前也和家人在清迈生活。我刚注意到你的小红书分享，很喜欢你对国际教育的观察。我是一位英语学习博主（主要写公众号“英语学习笔记”），也做一些生活类的分享，不知道你有没有兴趣和我一起做一期博客。方便的话，可否约个咖啡？如有打扰还请见谅。”

她很快就回复了我，加了微信后，我们就挑了个时间约在清迈大学湖边聊聊天。

一杯咖啡，席地而坐，眼前是一片湖水和绿树飞鸟。没什么寒暄，甚至都没有礼节性的打招呼——“嘿！你来啦！我刚才一直在跑步，我们点些东西然后去那边坐坐吧。”

忘了从什么话题聊起，越聊越嗨，一转眼3个小时过去了。从教育、公益机构到自媒体，从长沙到清迈，还聊了国学、国外社交、恋爱和英语学习。我不停地说“这个有意思啊！”她也时不时地回应“你说的这个让我想通了一件事！”最后我们不断互相道谢，然后彼此道别。

我们还约着之后再做一期播客。成年人的社交就是如此吧，主动say hi，用心期待。自己能学习，可能还会帮到别人，彼此幸福感+1。

如今的社交对我来说不再是有多少朋友或有多少人脉，我也主动选择了不必应酬的生活。我越来越注重内心的感受，对人性的复杂、每个人的故事感兴趣。社交于我来说像是共同充电，让能量球相互碰撞的活动。

我也有很多私信他人不被回复的时候，更有约好了人却放我鸽子跟我装糊涂的事情发生。我也会害羞、紧张、怕被误会，发一条信息小心翼翼地删了又改。我甚至觉得自己有社交恐惧症，不好意思拒绝，不确定边界在哪里，该用什么样的措辞、语气。

这种怕无比正常。但一想到“我怕，对方可能也怕呢！”莫名就多了一点勇气。

“Courage is contagious.”（勇气会传染。）我们能做的就是主动沟通，真诚一点，至于能不能聊得来、值不值得都已经不重要了。每一次表达和倾听都能观察学习到很多。练习社交就是在了解自己，接受不确定，探索更多可能，锻炼保持亲密但又有边界的能力。

当然，也不是一定要去认识别人，独处也很好。我想说的是：别每一次都用“我社恐”“我就是害羞”“我不太愿意表达”让自己失去了一些成长机会和意外之喜。社恐、害羞和内向，并不是一回事。

我也明白我们有很多“没办法”。谁都有委曲求全、逢场作戏的时候，很多商业合作、人际交往需要这样的人情往来。但是生活不只是如此，如果你觉得这种模式让自己累了、不开心了，试着摘下面具，回归内心吧。在社交中辨识自己常用的防御方式，锻炼情商（emotional intelligence），才是最好的成长方式。

你想实现“买书自由”吗？

我曾在一个视频读书笔记中说过这样一句话：“我买书不心疼。”一位读者在留言中开玩笑地说我“凡尔赛”，我回复说：“买书对我来说不是消费，是投资，我知道那份回报是什么，所以买书这事不心疼。”

买书不心疼，看起来很“豪”，实际上是精打细算。

其实我早就算好了一笔账：买一本书，只要读，我就会有收获。至少我能学点英语，了解别人的看法。我还能把我学到的东西通过社交媒体分享给更多人。我的读者也会因为我的分享获得收获，反过来他们可能会留言鼓励我、给我点个赞，甚至给我打赏。

养成了读书习惯，你会发现，读书是成本最低、效率最高的学习方式，也是最佳的社交投资。

“买书自由”还需要“读书自由”。你要从心理上消除对读书的恐惧，从内心体会到读书有用。

当初我想学如何读书，由美国著名教育学家莫提默·J. 艾德勒和哥伦比亚大学教授查尔斯·范多伦共同署名的*How to Read a Book*（《如何阅读一本书》）我读了3遍，除了这本，我还读了几十本关于讲如何读书的书——当初我打开网购App，输入“如何读书”，把我看着觉得有用的书都买回来读了。从这些书中我吸收了各种阅读理念，也从“各门各派”中都学到了几招，然后我就“下山历练”。几年下来，阅读已经成了我生活的一部分，阅读速度和质量都提升了很多。

后来我又想学如何养成好习惯，我读了史蒂芬·柯维的 *The 7 Habits of Highly Effective People*（《高效能人士的七个习惯》），查尔斯·都希格的 *The Power of Habit*（《习惯的力量》），詹姆斯·克利尔的 *Atomic Habits*（《原子习惯》），简·博克和莱诺拉·袁的 *Procrastination: Why You Do It, What to Do About It Now*（《拖延心理学：向与生俱来的行为顽症宣战》），健康心理学家凯利·麦格尼格尔的 *The Willpower Instinct*（《自控力》）……我从每本书中都学到一些理念和技巧，几年下来养成了很多好的习惯。

读书不是语文考试。一本本书是一个个工具，有的能解决实际问题，有的能丰富你的大脑。如果会读书，读什么都能学到东西。经典书籍慢慢读，反复读；畅销书、娱乐消遣的书可以快点读；他人推荐的书也要去翻一翻。那如何“会读书”呢？我想了很久，觉得这是没有什么捷径的。它和学习如何爱一个人一样，得亲自经历。

你也许说没时间读书，没钱买书，那时间和钱都去哪儿了呢？我说的这些，所有人都懂。只是在我们还没体验到那个结果时，我们很难相信它。

愿你早日读书自由，然后主动选择，把生活中的一切都读成书。

如有雷同，纯属巧合

每天都会收到很多热心读者给我的留言，我都会认真阅读，并集中去回复，一些好的留言我也会留存。

记得印象深刻的一次是，我在微博上发了一个截图，是一本书上版权页里的一段话：

> **This book is a work of fiction. Names, characters, places, and incidents are the product of the author's imagination or are used fictitiously. Any resemblance to actual events, locales, or persons, living or dead, is coincidental.**

这个“Any resemblance to actual events ... is coincidental.”是不是看着很眼熟？其实这句话让我想到了“本故事纯属虚构，如有雷同，纯属巧合”。

我在留言区看到这样一条回复：

Eric，您好！我有一个问题想了很久，今天看到您的微博，觉得它很好地阐述了我想的这个问题。“如有雷同，纯属巧合”这句话在中文里算是一个官方的表达了，大家都在用，就如同成语一样，但在英语里，若是把这个表达整个背下来使用，怎样确定这个句子是不是这个作者写的，而是大家都在使用的呢？非常感谢！

我回复他：首先，我会搜索一下相关表达，然后会找一些母语为英语的朋友，问他们有什么例子能表达整个句子的意思，比如“X is fictitious”“Any similarity to X is coincidental”等。“X is coincidental”是个常见的表达，多用几次就记住了。

我是这样搜索的，当你读到“Any resemblance to actual events … is coincidental”时，就可以用Google搜一下，你可以搜关键词any resemblance，页面会出现很多与之相关的表达，像“any resemblance to reality is pure coincidence”“any resemblance is coincidental”等。

同时，你还能在搜索页面上看到维基百科上关于这种用法的解释，“all persons fictitious disclaimer”: An “all persons fictitious” disclaimer in a work of media is one which state that persons portrayed in it are not based on real people.

所以，以后想查类似的说法，是不是就可以用“搜索关键词+disclaimer”的方式，看看母语人士怎么说。

从这条留言借题发挥，我们可以聊聊“……怎么说？”“……是否地道？”的用法。

学英语不等于学翻译，学英语也不是考查你是否拥有最强大脑级别的记忆力。学英语甚至不太需要动脑子——先问自己想表达什么，再看母语人士会怎么表达，学以致用即可。

比如疫情那年“摆摊”这个词特别火，于是我发了这样一条微博：

同样的问题，我还收到过一条关于如何用英语说“学长”的留言：

“Hi Eric，我有个问题想要请教您：英文中如何称呼‘前辈’？比如说，我想介绍我的学长给别人，应该怎么说呢？欧路词典对应的是upperclassman和senior，但我个人觉得有一点不合适，想请教一下有没有更好的表达？先谢谢您啦。”

我的思路是这样的：“学长”这类词很多时候只是一个敬称，在英语中并不需要用敬称，因为他们没有这种等级概念。不管他比你高几年级都可以直接叫他的名字，最多加一个Mr.就好。

除了表示尊敬，“学长”还有个信息：在同一所学校读书，比你早几届。如果需要说明这个信息的话，就可以用描述性语言介绍。比如介绍时可以直接说他是几年级：“He’s a sophomore/junior/senior.”（更稳妥的说法是：“He’s a second/

third/fourth-year student.”）如果已毕业，可以说是哪一届学生，比如：“He’s class of 2014. / He graduated … ” 或者说他大你多少届：“He’s X year（s）above me at school.” 这里的above也可以换成“ahead of ”。米歇尔·奥巴马在*Becoming*（《成为》）一书中提到他的男朋友时说：“He’s two years ahead of me at school, in the same class as my brother, and soon to graduate.”

那可不可以用upperclassman呢？也可以。比如尼古拉斯·斯帕克斯在*The Return*（《回归》）中说过这样一句话：“I prefer Yuengling（美国一款啤酒），from America’s oldest brewery（啤酒厂）. When I attended the Naval Academy, an upperclassman named Ray Kowalski introduced me to it.”

我们学语言的自信不是来自“我样样都好”，而是来自“我听过、我读过、我用过”“我想通过积累和提升更充分地表达我的想法”等。

也有人问过我，如何翻译“向前一小步，文明一大步”这样的英文表达。

我是这样回答的：“如果理解了原文，翻译的版本可以有很多种，最简单可以直接说成‘Stand Closer’。别被所谓的标准答案局限思维习惯，多想想可以从哪个角度表达。”

如果是我，我会搜一些国外卫生间标示作为参考，比如：“bathroom slogan”“urinal etiquette signs”。想要找好玩点儿的表达，还可以加上funny/humor/humorous。

实际上，“向前一小步，文明一大步”的目的是想提醒人们保持清洁，语言上用空间的“一小步”搭配道德上的“一大步”。通过搜索，我认为下面这则标语和它有异曲同工之妙：

Our aim is to keep this bathroom clean.

—Gentlemen: Your aim will help. Stand closer. It's shorter than you think.

—Ladies: Please remain seated for the entire performance.

任何一个“翻译”都可以有不同的风格和侧重点，我们可以看看不同的版本，多搜索、多积累，这样在使用英语的时候也就能够脱口而出了。

我写这篇文章，不是想教你“……该怎么说”。恰好相反，我想提醒你要警惕各种“标准答案”，它很容易让我们陷入惯性思维中去，从而失去了体会、分析英语的机会。

亚当·格兰特在*Think Again*（《重新思考》）一书的开篇说“Intelligence is traditionally viewed as the ability to think and learn. Yet in a turbulent world, there's another set of cognitive skills that might matter more: the ability to rethink and unlearn.”

这段话实则是在告诉我们：相比think and learn（思考与学习），我们可能更需要rethink and unlearn（重新思考和抛弃）。学起于思，思源于疑。我想老师能做的也不过是帮我们rethink and unlearn，它时刻提醒我们要警惕惯性思维和对标准答案的执念，警惕自我感觉良好，敢于认真思考。

相比“……怎么说”，更好的学习策略应该是“我到底想表达什么”。这样一来就会发现少了一些判断，也会多一些自由和自信，让语言为自己所用。

我们如何给孩子做英语启蒙？

小鹿快5岁了，很多朋友会问我：“你们是如何给孩子做英语启蒙的呀？”“孩子在泰国学英语水平怎么样呀？”

关于英语启蒙，可能大家都觉得我很有经验。其实不然。我的英语学习发生在成人阶段，教的也是成人英语。虽然我也是科班教育出身，各种语言学习理论和知识也都了解一些，不过在孩子的语言学习上我没有特意做过什么。

小鹿比刚来清迈时能听懂更多英语，也更愿意用英语表达自己的想法。最近我发现，我俩基本上可以一直全英语沟通，她听不懂的地方也会问，而不是没有回应。感觉她已经到了可以用英语学英语的阶段，剩下的就是多接触就好。

有一次，她告诉我她请老师帮忙给她扎辫子，我问她怎么和老师说的，她说的是“Can you fix my hair please?”我当时惊喜地发现她可以灵活地使用fix——没错，fix可以是修玩具，也可以是把弄乱的头发重新扎好。

不过，以她现在的中英文能力，放在国内一些大城市，可能属于不及格的水平。

在家里，我们主要说中文，目前她的发音有个小问题：不准。“花木兰”说得像是“花梦男”，“因为”听着像“一为”。可能是受泰语影响，她经常说“然后呢？”有些词她是先知道的英文说法，因此讲中文时会夹杂英文，她也会问“用我们的话（中文）怎么说？”她的英语语法也是乱七八糟，常常说“It’s you turn”“he have a toy”之类的错句。

但我觉得这些都没问题，也没有过多干预。早点和晚点不重要，只要她有兴趣、开心，想学什么我想都是时间问题。

可能你会觉得我给孩子选书有一套，其实也没有那么夸张。我在很多时候也是看网友的推荐，再结合自己的一些经验去选择购买。我没给孩子报过班，自然拼读、常见单词（sight words）我也轻车熟路，但也没刻意教过孩子。小时候给孩子听的英语儿歌比较多，绘本中英文都给她读。

孩子从小都是我们亲自带，在家不会特意区分中英文，也不会刻意用英语跟孩子说话。孩子3岁多来清迈读国际学校，学校里会讲英语，她在家时会看些YouTube视频，玩玩Khan Kids（幼儿英语启蒙App）。

如果有什么育儿经验分享，希望下面几点能与你共勉。

（1）最好的方法是家长也跟孩子一起学，不用非得学多好，最关键是要有个态度，也是以身作则，更是陪伴。不用担心你的口音，那是有钱买不到的声音，是孩子最有安全感的声音。

（2）小孩子学语言最重要的是玩和用，把语言当玩具。孩子的模仿能力惊人，别急着让孩子“表演说个英语”，只要一直有输入，孩子所能掌握的语言绝对比你预想的要厉害得多。

（3）从小训练孩子的语言审美。说白了就是让孩子熟悉语言的韵律，让他知道语言是有用的。英语儿歌、绘本、动画片，我相信没有哪个孩子不喜欢。

（4）不用急，别那么刻意，不要让孩子反感英语。也别见了个老外就让孩子扑上去练口语，让孩子有意识地去练，更别拿孩子跟别人家的孩子比。

作为父母，我们一致认为孩子会玩最重要。孩子玩，父母也跟着一起玩，玩出创造力、玩出兴趣。

我们没有“启蒙”这个概念，也没有多少岁该有多少词汇量的想法，口语表达多出类拔萃也不是我们期待的目标。我不觉得“多少岁才学……到时候就晚了”的说法正确，孩子什么时候有兴趣，想学就去学，通过学习认识自己来学会学习最重要。

我们想给她创造自由和快乐，至于她以后喜欢什么、想做什么，我们会支持她并帮忙出谋划策，最终决定还是交给她自己。我们相信自己会持续学习，也相信孩子。

育儿没有什么公式，别羡慕“别人家的孩子”，也别要求自己是“别人家的父母”。陪孩子一起成长，多鼓励孩子尝试，主动沟通，互相陪伴。因为孩子的成长也是对我们的二次教育，对孩子，对自己负责，这就是我们心目中的教育。

第三章

我的读书观影笔记：
用输出倒逼输入，在分享中成长

会读书，读好书，做阅读的主人

《如何阅读一本书》中有段话对我很有启发：

Montaigne speaks of "an abecedarian ignorance that precedes knowledge, and a doctoral ignorance that comes after it." The first is the ignorance of those who, not knowing their ABC's, cannot read at all. The second is the ignorance of those who have misread many books. They are, as Alexander Pope rightly calls them, bookful blockheads, ignorantly read. There have always been literate ignoramuses who have read too widely and not well. The Greeks had a name for such a mixture of learning and folly which might be applied to the bookish but poorly read of all ages. They are all sophomores.

这本书讲的是"怎么读一本书"，而不是"怎么读一本英文书"，它能够帮我们解答"如何最大限度吸收一本书"。截取的这段话很有意思，说世界上有两种愚蠢，一种是文盲，另一种是书读得太多。不读书和读了太多的书（read too widely and not well）都是一种"愚蠢"，久而久之就成了"不思考而又有见解的人”，这些人是“bookful blockheads, ignorantly read”，也就是我们说的“书呆子”。我很喜欢sophomore这个词，两个词缀，一个表示聪明（sophos），一个表示愚蠢（moros）。我们大二时的状态亦是这样，学习了很多knowledge，但在understanding上还没上去，还是一知半解或“自以为是”。

那么，什么是会读书呢?

作者艾德勒在书中提到读书有四个层次，一是基础阅读：可以认识书上的字，并了解文字的字面含义；二是检视阅读：能够在短时间内掌握书的基本内容，快速定位信息是Inspectional Reading（检视阅读）——我们的阅读考试主要考的就是这个能力。

然而这两个层次都算不上真正意义的阅读。碰到一本好书，如果只是读到了第二阶段就白读了，这时我们需要第三个层次——Analytical Reading（分析阅读）：这个阶段就是带着问题读书，在读懂的情况下可以和别人说说这本书讲的是什么或尝试写书评等。最后一个层次是主题阅读：你需要读很多书，并列举这些书之间的相关之处，提出一个所有书都谈到的主题。

这个过程极其烧脑，也是阅读乐趣。和写作一样，阅读也应该是主动的。若是没有这种感受，很有可能是我们不会读书，自己也不知道错过了什么。

具体如何操作？我总结如下几点。

一、给阅读分类

刘未鹏在《暗时间》中说："我一般把书分为两类，一类是知识的，一类是思维的。（当然，第三类，就是娱乐的，不做讨论。）一般来说我更倾向于阅读培养思维的，譬如唐纳德·高斯和杰拉尔德·温伯格编写的*Are Your Lights On?: How to Figure Out What the Problem Really Is*（《你的灯亮着吗？：发现问题的真正所在》）、心理学家教授斯科特·普劳斯的*Psychology of Judgment and Decision Making*（《决策与判断》）、奚恺元的《别做正常的傻瓜》……因为思维方面的东西是跨学科的，任何时候都用得上。并且，反之如果思维没有培养好的话，学习东西也容易走错方向或事倍功半。"

《如何阅读一本书》中用一个章节讲pigeonholing a book（给书分类），并且着重地提到了两类：Practical vs. Theoretical books（实用书籍vs. 理论书籍）。

"We must pass from knowing what is the case to knowing what to do about it if we wish to get somewhere. This can be summarized in the distinction between knowing that and knowing how. Theoretical books teach you that something is the case. Practical books teach you how to do something you want to do or think you should do."（如果我们想有所成就，我们必须从知道是什么过渡到知道如何去做，这可以概括为了解情况和知道如何做之间的区别。理论书籍告诉你事情就是这样。实用书籍教你如何做你想做或认为你应该做的事情。）

这一点和刘未鹏把书分为“知识的”和“思维的”是一个道理。

心理学类和思维类的书籍是“元知识”，帮助我们了解大脑吸收知识的机制的知识，了解事物的本质和运作的思路比单纯地去做这件事情更有指导意义。这种方法有用吗?《暗时间》这本书就是一个成果展示。

二、用心选书，别怕踩雷

阅读之前要对一本书的质量做出大致的评估，《如何阅读一本书》中也提到了评估的重要性：不是每一本书都值得花工夫读，花点时间做Inspectional Reading是值得的。

评估基本上有几个线索：看出版社、版次、作者、封面，看目录、简介、章节标题，每章的第一段和最后一段（或者首段和尾段的关键句），还有一点最为重要，就是看amazon（亚马逊），goodreads（相当于中国版的“豆瓣读书”）上的评价。

在选择书籍的时候做足功课是对我们自己的时间负责，但是这里有一个提醒：别怕读到“坏”书。

选书技能是在读书过程中逐步提高的，读书少自然很难去对比判断。如果怕读到“坏”书踩到雷，很简单的一招就可以解决——读经典书。刘未鹏说：“传统的阅读和思考永远优于所谓的在互联网上汲取新知识，后者往往浅表、不系统，乃至根本没价值。”

三、给阅读安排时间

关于阅读时间的安排，《暗时间》和《越读者》中都提到的一个共同观点是：大块阅读+碎片阅读。

用大块的时间来阅读更有利于我们“沉浸”进去，达到一种忘记时间流逝的沉浸状态（心理学上叫作“流体验”），使得新知识可以和大脑中与其相关的各种既有的知识充分融合，关联起来，后者对于深刻的记忆非常有帮助。

每天大概有45%的行动不是出自“决定”，而是出自“习惯”。我们需要每天都留给自己一大块阅读的时间，如果没有时间的话那就早起或者晚睡一小时，让自己通过养成阅读习惯而变得专注、从容。郝明义在《越读者》中说他每天都有固定的1—2个小时的阅读时间，用来保持专注。有些内容如果断断续续地读，就容易读了后面而忘了前面。

除了利用大块的时间，我们也要善于利用小块时间。也就是格拉宁在《奇特的一生》中所说的“时间下脚料”。我们可以利用等车、坐车、排队的时间来读一些报纸和杂志，可以浏览一些微博或微信上的新闻。我们也可以在走路和吃饭的时候进行思考，这种感觉就像是名侦探柯南中演的一样，通过某人的一句话或看到了某样东西一下就破了案。

利用碎片时间来思考，既可以培养我们迅速进入状态的能力，也帮助我们整理消化我们吸收的知识。

对于读英文原版书，我的建议是，如果这本书70%左右的内容可以读得懂，那么遇到不认识的词或不懂的句子，先标记一下就好，不要停下来纠结。因为一停一拖，一来影响阅读的连贯性，少了趣味；二来容易产生挫败感，继而放弃阅读。

先一口气读下去，读完这一个章节，有些不清楚的地方可能就清楚了。对于一些生字词，回头再专门查一下即可。

四、有选择地阅读

很多人觉得我读书的速度很快，其实我只是有选择地阅读。这里的选择体现在两个方面：一是选择一本书中感兴趣的章节优先阅读；二是对一本书中技术性较弱或信息密度较低的部分快速地略读。

不是一字一字地去读才是认真阅读，也不是非要按照作者设计的顺序来读。你可能会说，读太快会不会“读完了什么都不记得了”？为了避免这种现象，我们除了要做笔记、用自己的话总结外，一定要带着问题去读书。如果读完了这本书可以用自己的话进行复述，回答一些主要问题，就可以了。

那要问哪些问题呢？《暗时间》提到了：（1）问题是什么？（2）方案是什么？（3）例子是什么？

如果是需要解释一个现象（譬如《黑天鹅》中的“黑天鹅”事件），那么问题是：（1）现象是什么？（2）解释什么？（3）支撑这个解释的理由是什么？（4）例子是什么？

《如何阅读一本书》中也提到了主动阅读的核心就是带着问题去阅读，在阅读中找这些问题的答案。它提到的四个问题是：

- What is the book about as a whole? 这本书讲的是什么？
- What is being said in detail, and how? 作者的主要观点是什么，是如何进行论述的？
- Is the book ture, in whole or part? 在回答了上面两个问题后，要对内容进行判断，看它说得靠不靠谱。
- What of it? 作者为什么要写这个？有什么用？对我们有什么启发？

切勿一个字一个字地读书，这是对时间的浪费，是极其低效的阅读方式——读英文原版书也是这样。注意在阅读中有选择性地过滤掉不相关的废话。对于一些冗余的例子也可以过滤掉（前提是已经觉得印象够深刻了，这些例子完全可以不看）。

五、做阅读的主人，把书读厚再读薄

《暗时间》中提到过这样一个阅读习惯："一是将自己阅读时的思考（包括闪念）总结下来，二是将书中的好例子摘抄下来（这个习惯是我2007年才养成的，受益极大）。有了evernote（印象笔记）之类的工具来管理笔记，非常便于回顾，加深理解。很多时候，仅仅是用自己的语言重新表述一下，就能够极大地加深对书中内容的印象和理解。我觉得，人与人学习的差距不在资质上，而在用于思考的时间和思考的深度上（后两者也是常常相关的）。获得多少并不取决于读了多少，而取决于思考了多少、多深。"

一定要多做笔记，在读的过程中勾勾画画，在书的空白页做思维导图和索引来帮助我们了解章节之间的联系，有全局观。用自己的话来重新叙述是判断自己是否读懂的最简单的方式，如果不能做到这一点，极有可能是我们没有读懂。

我们不仅要去做总结，还要能够把阅读的内容和我们的个人经历联系起来，这样可以帮助我们去理解书的内容，也让我们通过阅读来提升自己。

写笔记的方式有很多种，可以像我一样通过写公众号进行分享，可以写在笔记本上，还可以通过朋友圈或微博用百余字记录一下，总之自己愿意怎么做就怎么做，方式不重要。

我在读简·麦戈尼格尔的*Reality is Broken*（《游戏改变世界》）时，就随手在iPad上用GoodNotes 5（一款手写笔记软件）写了一篇笔记：

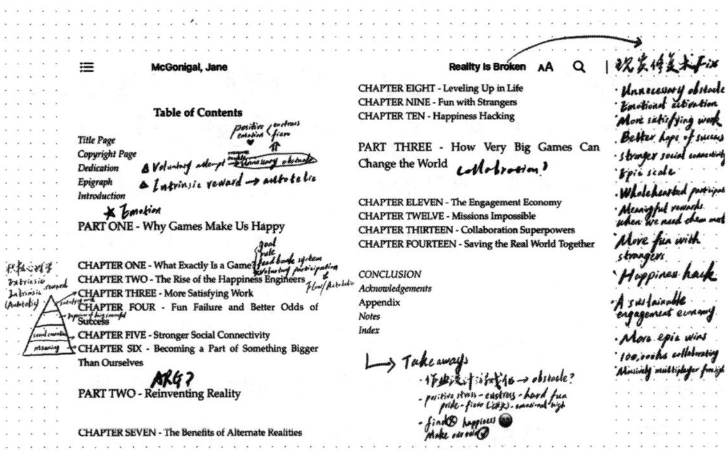

看着目录和笔记，我就能把这本书讲出来。有用又能学英语，自然停不下来。我还会把它做成视频、写成文章，进一步分享我的阅读方法和阅读心得，这完全没理由让我不热爱阅读呀。

其实大多数人的努力和行动还不需要什么方法，不要囤积资料然后到处问“这个书在哪儿下载？”“这本书在哪儿买？”如果你追求智识，追求更好的自己，现在就开始阅读吧。

如何精读和做读书笔记

如今，我的公众号已经成了我的最佳学习工具。我会把自己的所读所想写成文章分享给更多人。多年下来，我的笔记变得越来越实用也更有个性。

实用，是说我的笔记内容可以帮助解决问题；有个性，是说我会把读到的东西内化为自己的版本，然后以我的方式把它讲给别人听。

那我是如何做到的呢？和你分享我在阅读和做笔记中的一些心得。

一、阅读的节奏比速度更重要

我对于阅读的观点是：快慢不重要，重要的是节奏。有时一带而过即可，有时要细细品味才行。阅读的速度要根据自己的阅读目的来调整，并不是绝对的。例如阅读考试时，主要考查的是“快速定位关键信息”，这个时候就不要细嚼慢咽了。

另外我们要注意，绝大多数情况下，一字一字地读并不是好习惯。大脑是可以让我们一目多行，读得又快又好的。如果是在国外读书的话，一个星期读上几百页的教科书、参考书和文献是家常便饭，若是没有选择性地从头读到尾，你是读不完的。

二、精读的打开方式

“精读”在这篇文章里的定义是“有目的地主动阅读，最大化地理解内容”。在这个基础上，我们顺便学英文。

东尼·博赞在《启动大脑》一书中提道：“当我们拿到一本书或者一篇文章的时候，不要急着去把它大卸八块。在享用这道大餐之前，我们先热身，做总览和预习。这个步骤至关重要，必不可少。因为在正式阅读学习之前预习它，就好比从A地开车到B地之前先计划一条线路，两者的目的是一样的。你需要了解地形，然后决定是走一条风景优美的远路，还是一条近路。”

通过热身，我们明确自己的阅读目的，为下一步的精读找到方向和策略。预习时，我们主要关注这样几个方面。

- 大标题和小标题，首段和尾段，每段的前两句话，关注关联词（尤其是表示转折和结论的词）；
- 文章的结构是什么？
- 文章的核心内容是什么？
- 我想从阅读中了解什么？

如果在这个过程中遇到生词，不要立刻就查，标记一下即可，在后面精读时再去猜、查，以及解决。

按这个策略来总览和预习，熟练后即可在1—3分钟掌握一篇《经济学人》一般性文章的核心内容。这样可以帮助我们对文章有全局观，知道作者的大方向是什么。

对文章内容有了了解后，我们见到了“森林”，下一步就是去找“树木”。从英语学习的实用性来说，我建议你不要把所有的生词、句型、精彩的表达都照单全收。而是做减法，特别记几个你认为自己能够用得上、特别想用的，其他的整理一下即可。

我们精读的时候除了弄懂文章内容和逻辑，还要做下面几件事才算是精读。

- 文中有哪些意思相近的表达？
- 文中出现了哪些让你觉得“别扭”的地方？
- 文中有没有立刻就占为己有、学以致用的地方？
- 如果是你，你会怎么写？这句话还可以怎么说？

通过问“我会怎么写？”“还可以怎么说？”我们就完成了对文本的一次概述，在这个过程中我们调取已经掌握的表达和句型，把新旧知识联系到了一起。

想解决以上这些问题，我们需要利用搜索或频繁地查词典。这样读下来，我想就做到精读了：了解了事实和观点，学习了写法，掌握了几个可以立刻学以致用的表达和句型。不过要注意：一定不要把目标定为100%地读懂一篇文章。

精读的目的并不是100%读懂，而是可以帮你达到你阅读的目标即可。我们没有必要100%读懂它，我认为读懂90%左右就够了，要学会“放手”。100%读懂本身就是一个模糊的概念，何谓读懂？与其花费大量的时间来和那10%死磕，不如用这个时间再完成一次90%。这里的10%很大程度上并不是我们英语水平的问题，而是阅历和知识储备的问题。每个人的10%又是不一样的，因为总会有10%的东西可以深挖下去。

有了持续的输入和解决问题的意识后，大脑会帮你照顾这10%的难点。可能你冲个澡就想到了答案，可能你一觉醒来就恍然大悟了。就像是玩拼图游戏，你先把难拼的这块放下，再试试其他简单的。

三、做笔记

东尼·博赞在《启动大脑》中说，人类记忆的主体是某些关键概念特征的组合。它并不是人们通常认为的记忆是一种逐字逐句再现的过程。当人们讲述看过的一本书或描述曾去过的一个地方时，他们并不是在记忆中重现一切，而是用一些关键的词概括主要人物、环境、情节，并且添加一些描述性的细节。同样地，单个的关键词或词组也会激发全部的经历与感受，如看到“孩子”这个词，想想会有哪些图像进入你的头脑。

想要做高效实用的笔记，我们不要逐字摘抄，复制粘贴，因为“这种笔记中，90%以上的词语于记忆无益”。而是要提取关键词，用自己的话去把它重新组合。

记笔记的时候我们注意：

1. 记笔记要主动，不要看起来很美

主动的笔记是你自己的总结和选择，而不是把别人的讲解抄下来。听别人的讲解和看别人的笔记是很好的学习方法，但是要知道这只是起点。你必须亲自动手、动脑去理解和融会贯通，给它加上你自己的味道。

2. 求质量不求数量

把生词和优秀的表达记下来是个好习惯，但是一定不要贪心，要是觉得太少或不过瘾的话就自己去造句拓展。我之前对美剧群和读书群的要求是每次笔记不要超过5个，把这5个词学到手了比抄了几十个更有意义。持续输入的话，该记住的词总会记住的。

3. 要脑洞大开，运用你的创造力

达·芬奇说，要“认识到万物万事之间都在某种程度上存在着联系”。砖头能做什么？学英语和谈恋爱有什么相同的地方？背单词和炒蛋有什么相同之处？我们学的不是一个词、一个表达，而是一个画面、一个世界。

电影《奇异博士》里有这样一幕：奇异博士出了车祸，躺在病床时，护士对他说是直升机把他救出来的。说到“直升机”时用的是chopper，这时你就可以脑洞大开拓展下去：chopper是直升机，那螺旋桨怎么说？ propeller；驾驶舱呢？cockpit；chop又是什么意思？“剁，劈”，还有“排骨”的意

思；从排骨想到了牛排怎么说？steak；牛排几分熟怎么说？从牛排又可以联想到就餐礼仪……

为了帮助我们快速记忆，可以在造词造句的时候造一些荒唐可笑的例子，如“chop the chopper”（剁了那个直升机），这句话虽然说不通，但是可以帮助我们记住这两个词的意思。给每个词编一个故事，每学一个都把它和之前的联系起来，想忘都难。

另外，笔记的形式不止有一种。

记笔记的目的是帮助我们整理信息，这是不够的，它还要能够帮助我们调取信息（这也是为什么要记关键词的原因）。只要能够帮我们达到这个目的的就是记笔记：手写、印象笔记、录音、思维导图、写公众号……拿我来说，一般看书的时候会读纸质书，用一支三色笔，一支高光笔。在书上勾勾画画，在每章节之后写总结性的框架或思维导图。

如果你一直在记笔记，却又没有什么进步，一定要诚实地反省一下是哪里出了问题。不必苦苦坚持，掌握实用的方法，相信复利的效应，每个人都可以持续进步，持续为自己和他人创造价值。

读英文书，少问“这句话该怎么翻译？”

如果是研究翻译，这个问题值得探讨。但如果是研究阅读理解，我的理念是少问“这句话该怎么翻译”。

阅读和翻译在我看来是两个工种。阅读是通过单词、语法、语境逻辑理解一段话；翻译是理解一段话后，用另一种语言重新表述。可见，翻译的难度远远高于阅读理解。

我建议“少问”，并不是反对翻译，也不是不让问这类问题，而是因为以下几个原因。

1.这样的问题不够具体

比如你问我“that was so close”如何翻译，我可能会说“差点就成功了”“到手的鸭子飞了”。但你真正的问题可能并不是“翻译”，而是不理解在这里that指的是什么，不熟悉“that was so close”这个用法。

2.过于关注翻译结果不利于提升阅读理解

阅读英文书籍，我们都会忍不住在脑中做翻译，这个非常正常。但我们要知道“翻译”的前提是“理解”。阅读的最终目的不是翻译，而是让眼前的文字变成画面。

举个具体的例子，我曾在公众号上给读者推荐了一本书，是布琳·布朗的*Atlas of the Heart*（《心的地图》），一位读者读后给我留言：“正在阅读您推荐的这本书，有一句话翻来覆去地读不懂——Very few people can handle being held accountable without retionalizing, blaming, or shutting down … 能帮我翻译一下吗？麻烦啦。”

阅读首先看到的是“框架”，如同一棵树映入眼帘，你会先注意到它的轮廓。从理解英语上，可以试着把一个复杂的句子简化。比如我看到这句话时，脑中会自动把它简化为“Many people handle X with Y.” X是一件事，在这里具体是“being held accountable”，也就是“为某事负责”；Y是最后那一串“rationalizing/blaming/shutting down”，即使我不知道每一个的具体意思，我也可以判定它们的意思和“责备”（blaming）属于一个方向。

这样一来就抓住了整句的核心，看到它的轮廓，知道大概在说什么事。一般根据上下文逻辑，即使没能读懂每一句话，也能理解整段、整篇的意思。

于是，我这样回复这位读者：“阅读和翻译不是一回事，即使我告诉你这句话如何翻译，可能也不能真正解决你的问题。就这句话而言，你首先要知道自己哪里没有读懂，你可以理解为‘当我们被要求为某事负责时，我们经常会找各种借口，然后甩锅，一意孤行’。”

我的“翻译”版本是我脑中呈现的画面。“借口”“甩锅”“一意孤行”是我的个性化语言风格，从翻译的角度看它不够信达雅，但从阅读理解的角度看我理解了这段话的本质，也能够用自己的话重新表述这段话，这样就够了。

这样的化繁为简、见招拆招其实并不容易，它需要基础和经验。如果你还不确定自己的分析，可以找人指点或者讨论。提升阅读理解能力没有什么秘诀，一是要多读，二是多琢磨。当我们把注意力放在“理解”而不是“翻译结果”时，我们就能从根本上锻炼阅读理解能力。

同样是这本书，另外一位读者的疑惑是：“我才开始看，就被开头的这段小诗吸引了，但是始终想不到一个很好的翻译，老师有什么见解吗？谢谢。”

这首诗是这样的：

Heart is sea,

Language is shore.

Whatever sea includes,

Will hit the shore.

——RUMI

如果你已经读了这本书的介绍，就知道这里作者引用这首诗想表达的是情绪和语言的关系。这首小诗用词简单，但富含哲学意味，如果自己理解起来还有困难，可以试试搜索他人的解读。比如，你可以试着搜“heart is sea language is shore meaning”，就会发现很多对这句话的解释，甚至关于这句话的出处也会被详细地描述出来。

所有的翻译都会打折扣。翻译角度和风格因人而异，我们如果理解了原文，想讨论如何“翻译”，我会建议先拿出一个自己的版本。比如我看到这段话，第一反应是把它译成：“心似海，言如岸。海中所有，终触海岸。”给出自己的版本后才能继续讨论下去。

正如前面所说，阅读理解和翻译属于两个工种，我们要知道自己的首要目的是什么，想解决什么问题。我在读书时是“读者”，是“英语学习者”，而不是“译者”，因此我会在研究如何翻译上花很少的时间和精力。

阅读需要咬文嚼字，也需要不求甚解。一定要接受“读不懂”。读不懂没有关系。读不懂不只是语言能力，也可能是自己缺少经历或者作者没写清楚。在英文阅读实战中，要求自己每个字都认真读、读懂每一句话，在我看来并不值得，也没有必要。

再举个有趣的实例，有位读者对维切尔·林赛的诗歌 *Two Old Crows* 中加粗的一句话不能理解。

Two old crows sat on a fence rail,

Thinking of effect and cause,

Of weeds and flowers,

And nature’s laws.

One of them muttered, one of them stuttered,

One of them stuttered, one of them muttered.

Each of them thought far more than he uttered.

One crow asked the other crow a riddle:

The muttering crow

Asked the stuttering crow,

“Why does a bee have a sword to his fiddle?”

“Bee-cause,” said the other crow,

“Bee-cause

B B B B B B B B B B B B B B-cause.”

先别盯着这句话，看看上下文。上面说这是一个riddle（谜语），后面还有个Bee-cause，大概就可以判断这里是个玩笑梗。“Why does a bee have a sword to his fiddle? ”就是字面意思“为什么蜜蜂的小提琴上有把剑？”这句话莫名其妙，选用fiddle应该是和前面的riddle押韵。整个小诗的梗在于有一只乌鸦说话结巴（stuttered），说because时一直重复b。

如果在阅读中遇到这类的问题，看不懂没有关系，但要能搞清它的上下文逻辑。在这里要至少知道这是个riddle，是在开玩笑。至于能不能完全理解，需要语言功底也需要经验，更需要一些幽默和脑洞。类似的英文玩笑还有：

- What do you call a bee born in May? A maybe!
- Do bees make honey in May? Maybe!
- Why did the bee cross the road? Just bee-cause!

当我们找到了“读不懂”的原因后，心里就会释怀，而不是急着寻求“翻译”解决一时的问题。只要我们持续阅读、持续琢磨，我们对语言的理解和审美就会逐步提升。

费曼身上有哪些值得我们英语学习者学习的地方？

Surely, You're Not Joking Mr. Feynman!（《别闹了，费曼先生》）这本书讲的是美国理论物理学家理查德·费曼的故事。全书没有难懂的科学知识，没有费曼在夸耀自己的成就，而是发生在他身上一件件的事情背后，透露了人性最接近自然的本质。其中一些内容对我们英语学习也有所启发。

（1）I finally fixed it because I had, and still have, persistence. Once I get on a puzzle, I can't get off.

费曼除了聪明好学，也非常有耐心——甚至花一年半时间掌握了开锁开保险。学习一定要能延迟满足（delaying of gratification），这也是斯科特·派克在*The Road Less Traveled*（《少有人走的路》）中提到的人生四大原则之一。

延迟满足意味着承认任务的难度和所需的必要时间，然后学会花时间（take the time）去面对和解决。因此我们可以说"耐心"和"坚持"的本质就是延迟满足。

拿英语学习来说，那些我们觉得比我们更优秀的人，一定是花了更多时间和耐心解决了更多问题。当我们遇到不懂的词句，提醒自己"take the time!"

过去这几年我收到许多来自读者和学生的问题，其实很多问题我也不知道答案。为了解答这些问题，我被逼着搜索查证、逼着向母语人士请教，有时候要花上几个小时甚至一整晚。这样做久了，等被问到之前问到过的问题时，我就能立刻自信地给出答案——这些所谓看上去的毫不费力其实都来自一点一滴的积累。

我们要主动提问，也学会利用别人的问题。当别人提出一个问题，别急着给出那个答案，而是想想“他为什么有这个问题”，然后你可以和他分享你会如何解决这样的问题。这样一来，交流就不只是简单的问答，而是学习思路的切磋。

（2）I also fixed typewriters, with paper clips and rubber bands（the rubber bands didn’t break down like they do here in Los Angeles）, but I wasn’t a professional repairman; I’d just fix them so they would work. But the whole problem of discovering what was the matter, and figuring out what you have to do to fix it—that was interesting to me, like a puzzle.

费曼通过思考（thinking）就修好了收音机，他说令他最痴迷的是“discovering what was the matter and figuring out what you have to do to fix it”。这说明解决问题首先要定位问题，学习的乐趣也在于此。

拿语言学习来说，许多人说语法不好、口语不流利、写作没思路，不愿意花时间分析自己的问题。而学霸的过人之处在于把最多的精力放在了更重要、更核心的事上，当想明白问题在哪里再去行动，自己就会找到方向和自信。

（3）I call back, “RONte BALta!”, returning the greeting.

He didn't know I didn't know, and I didn't know what he said, and he didn't know what I said. But it was OK! It was great! It works! After all, when they hear the intonation, they recognize it immediately as Italian—maybe it's Milano instead of Romano, what the hell. But he's an iTALian! So it's just great. But you have to have absolute confidence. Keep right on going, and nothing will happen.

费曼通过听收音机学了点意大利语，几个常见的用词足以让别人以为他就是意大利人。他还在妹妹的家长会上即兴来了个诗朗诵，内容是拼凑的一些意大利语，逗得大家哈哈大笑。

我从中得到的启发是，学习口语一定要有“范儿”，“fake it till you make it”（成功，从假装开始）。技巧上，我们先把一些最常见、最实用的表达练好，发音不必多精准，但要“有内味”，也就是语言的节奏、重音和语调。当我们有了几个这样听起来特别地道的说法时，就会更自信更愿意尝试其他的说法。

（4）They didn't put two and two together. They didn't even know what they “knew” . I don't know what's the matter with people: they don't learn by understanding; they learn by some other way—by rote（死记硬背）, or something. Their knowledge is so fragile!

费曼在一个访谈中说：I learned very early the difference between knowing the name of something and knowing something.（我很早就明白，知道一样事物和知道一样事物的名字的区别。）

他说学习要靠“理解”，知其所以然，而不只是死记硬背。他的一贯风格是不会花太多工夫在各种术语上——术语命名是为了便于我们和他人沟通，但从学习的角度看，知道是什么和为什么更重要。

拿英语学习来讲，大家会建议不要太纠结语法术语。我们从小到大学了一堆从句、不定式、倒装句型……却很少能用最通俗的话说出它们是什么、为什么、有什么用。我们也会沉迷于一些听起来很厉害的概念，比如“英语思维”“后部发声法”，也会不自觉地主动使用这些概念，但很少主动用最简单的话定义这些概念。

知道一只鸟在不同语言中的名字，又能如何？分分钟就可以解决。但我们若是从来没有观察过一只鸟，我们其实并不能说自己“知道”。

学习中一定要警惕各种概念，如果我们不能用自己的话解释这个概念，说明我们可能还没有真正理解它，没有真正理解自然就无法应用。这样看来，学习就是一个逼自己更诚实的过程，也只有认识到这一点，我们才能成为一名终身学习者。

我很喜欢费曼身上那股劲儿，在他身上看到了闪着光的好奇和自信。

三个月学好任何一门语言？

Benny Lewis（本尼·刘易斯）原本是个学习特别差的人，学了6个月西班牙语只会说“多少钱”和“厕所在哪儿”，没想到这么一个没语言天赋的人有一天开了窍，开挂一样，短短几年就成了语言达人（polyglot），不仅可以流利地说12种语言，还满世界游山玩水，被《国家地理》评为“年度旅行者”。

他把语言学习方法和经验写成了一本书，叫*Fluent in 3 Months*，中文名是《跟各国人都聊得来》或者《三个月内流利地掌握一门语言》。你要警惕这里有一个文字游戏（here’s a catch，“这里有一个陷阱”），什么叫“流利”？ 3个月内每天要练多久？

我们先来定义一下什么是fluent，一般说到“流利”我们可能会想到，没有口音，没有停顿或卡壳，可以和母语人士畅谈任何话题，例如进行哲学问题的辩论能够使用“高级词汇”和“复杂语法”。如果按照这个标准来定义“流利”的话，那我们的中文可能都不够流利。每个人都多少有点口音，有说错话或卡壳的时候，也有许多不熟悉的话题，而且在日常交际中我们也没有大量使用成语、歇后语、典故、诗句的习惯。

书中说，“Applying higher standards to your target language than you would to your native language is overkill.”（对目标语言应用比对母语更高的标准是矫枉过正的。）

那怎么解释“流利”呢？作者搬出了《牛津高阶英汉双解词典》的释义：“fluent adjective:（of a person）able to express oneself easily and articulately（善于表达的）; able to speak or write a particular foreign language easily and accurately ;（of a foreign language）spoken accurately and with facility.”

然后又搬出了Common European Framework of Reference for Languages（CEFRL），即“欧洲共同语言参考标准”的评价系统。CEFRL把语言水平分为6个等级（从A1到C2），A1是初学者，C2是最高水平。作者对“流利”的定义是至少达到B2的口语水平，即：“can interact with a degree of fluency and spontaneity that makes regular interaction with native speakers quite possible without strain for either party.”

也就是在日常社交情景中，可以不费力地和母语人士谈笑风生。这是作者定义的“流利”，他认为三个月的时间口语就可以达到这个水平。

我们可以了解到：学语言要有目标，并且给这个目标设定时间线。如果你的目标是“流利”的话，你需要首先定义什么是流利，什么是不流利（例如不要纠结口音），这样才能保证自己是在正轨上（on the right track）。

虽然这本书叫*Fluent in 3 Months*，但作者“狡猾”地说：想要3个月内达到这个目标需要你特别特别地努力才行，如果这是你学的第一门外语的话，3个月达到流利不太现实……他建议把目标设为“三个月达到A2或者B1”的水平：“Generally, I would recommend you aim for conversational（level B1 on the CEFRL scale）or advanced beginner（level A2）in three months. In the process, you’ll discover tweaks（调整）you’ll need to make to your learning approach in order for it to work best for you.”

解决了“流利”的问题，再来看看“三个月”是怎么回事。这三个月中，每天至少花两个小时100%地投入语言学习中。作者设定为三个月主要原因是出国旅行的签证通常是三个月。他想学哪门语言就飞到说那门语言的国家去，待三个月直到口语流利然后再学下一门。

说清楚了“流利”和“三个月”后，作者又说成功的方式有很多种，只要有进步就算成功……他自己就好多次都没有三个月内达到流利水平，不过这三个月的学习给了他继续学习的基础和信心，最终都能成功地达到目标。

原来三个月流利说英语是个“标题党”，总结起来无非就一句话：设定合理、可量化的长期和短期目标，刻意练习，耐得住寂寞，学会给自己找乐子。

这也说明：比学习外语更重要的是学会学习，先升级认知。

最后，如何从流利提升为精通呢？我很认同作者提倡的这几点做法。

一、少学点语法→多学点语法

书中说，“Grammar is like a really powerful pharmaceutical: it’s helpful in small doses but fatal when overprescribed.” 初学时不要过多纠结语法，是因为不要让语法阻碍我们（hold us back）。在已经可以流利沟通后，我们需要认真学习语法，说出更准确的句子。

二、日常话题→更复杂的话题

从浅显的聊天到复杂的讨论，例如从你感兴趣的点出发，聊聊热门话题，从心理学哲学的角度分析并讨论新闻内容。

三、加强输入，和人交谈→看电影，听播客，读书

作者还提到了“以假乱真”（让他人认为你是native speaker）的方法。

（1）想被看起来像是native speaker，主要有两点：sound like one/act like one（声音听起来像，动作行为也像）。除了减少自己的中式口音外，我们还可以从行为上入手让自己更像native speaker，比如模仿他们的肢体语言、表情、着装、风俗习惯。这样做的目的是更容易blend in（和母语人士打成一片）。我觉得我们不一定去模仿他们，不需要为了学一门语言而改变自己，但是我们有必要了解他们的文化风俗、关注的热

点等。

（2）把母语人士经常说的那些表达（sentences that have been genuinely uttered by natives）模仿到极致。例如："How ya doin a lot?"（美语中的lot比较夸张，有些像"辣t"的发音），man（表示语气），"get out of here"（注意语气和连读）。我们还可以学几句无伤大雅的废话，让日常口语表达更接地气。

最后分享书中的一句话共勉："The difference between a stumbling block and a stepping stone is how high you raise your foot."（绊脚石和垫脚石的区别在于你抬脚的高度。）

“解剖”单词，一张图就够了

学习任何一门语言，都需要掌握一定的词汇量。因为词汇是构成语言的最小单元，无论是一句话、一段文字，还是一篇文章，都是由单个的词汇构成的。因此，记忆单词是学习英语必不可少的环节。直到有一天，我无意中发现了这本由英国DK出版社发行的图解英文词典*English for Everyone: English Vocabulary Builder*(《人人学英语：英语词汇学习》)，我才发现，原来英文单词还可以这么记忆，而且记起来轻松又牢固。

一、多总结

翻阅电子版图书时，我早已养成了边看边记的习惯，比如在看到下页的图文时，我很快总结了常见的后缀式表达。比如literate有“有文化的”意思，但是它常和名词或形容词搭配时表示“对某领域非常了解”，这个用法你可能并不熟悉，这时候查词典、看例句就变得特别重要了。

再比如bargain，就可以和haggle（讨价还价）放在一起学习。还可以拓展它的另一层意思：用作名词时，表示“……很便宜”，还可以说“ … is a bargain /… is a steal /… is a good deal”。

literate 的拓展学习

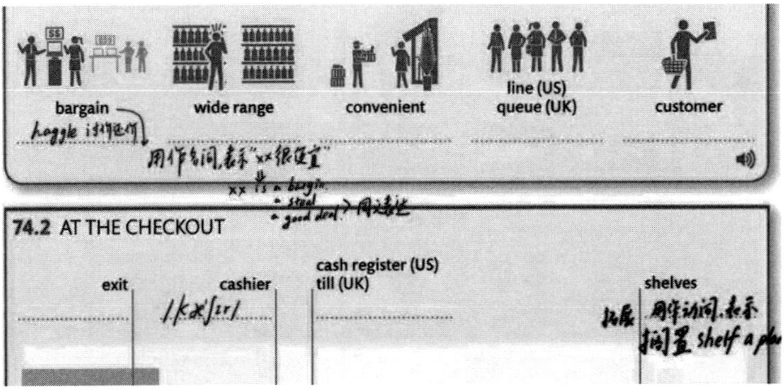

bargain 的拓展学习

二、多回顾

我在学习词汇的时候都会想“这个词还可以怎么用”“有哪些词有类似的特点”。比如看到plug（插头），我会想“插座”怎么说。于是补充了socket和outlet，还会想到一个常见的表达“pull the plug”，表示“停止”“中断”。

同样，看到click我会想到“We clicked. I clicked with him.”意为“一拍即合”“一见钟情”。看到short-circuit，想到它的本义是“使短路”，还让我想起在*Becoming*一书中出现过这个

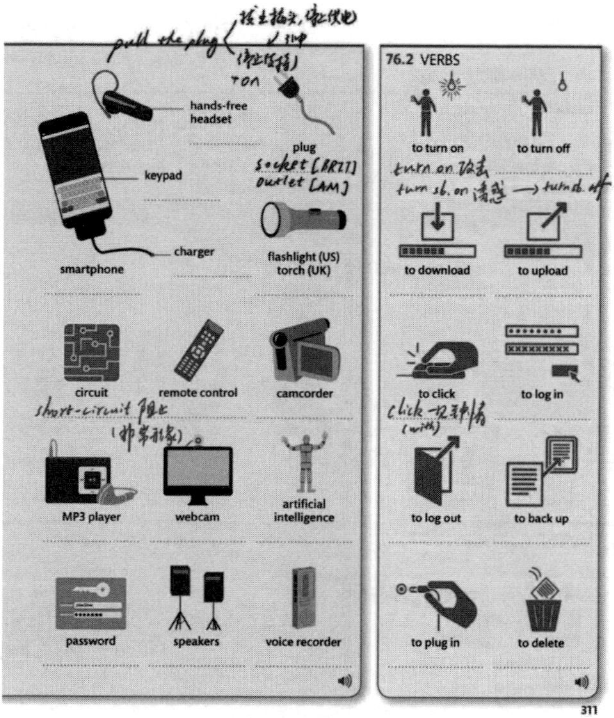

plug 的联想拓展

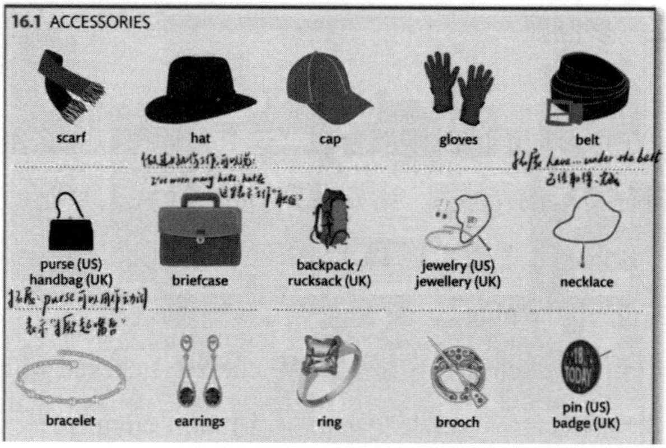

hat/belt/purse 的联想拓展

单词的同样用法。

通过保持阅读和有意识地回顾，不断地激活已经掌握的词汇，让它们变成我们熟知的“主动词汇”。

三、利用词典

如果你同时拥有苹果的iPad和电脑，我分享一下我的操作：（1）在电脑端使用欧路词典，加载词库，比如我最喜欢的是《柯林斯高阶英汉双解词典》。（2）在电脑端打开微信，因为我们要利用它的截图功能。（3）利用微信截图快捷键在电脑上对词典释义截图。（4）由于苹果设备之间可以使用iCloud，电脑上复制的内容，可以直接在iPad上粘贴。

看到bank，想到《经济学人》中出现过的bankable，
随手把释义截图贴上

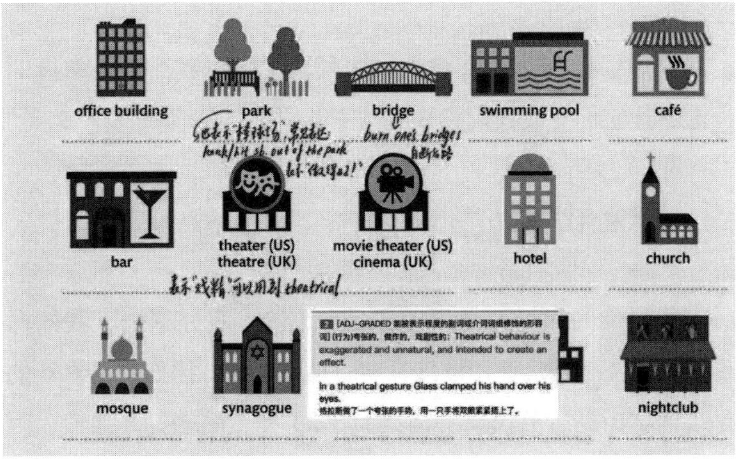

看到 theater，想到 theatrical，随手把释义截图贴上

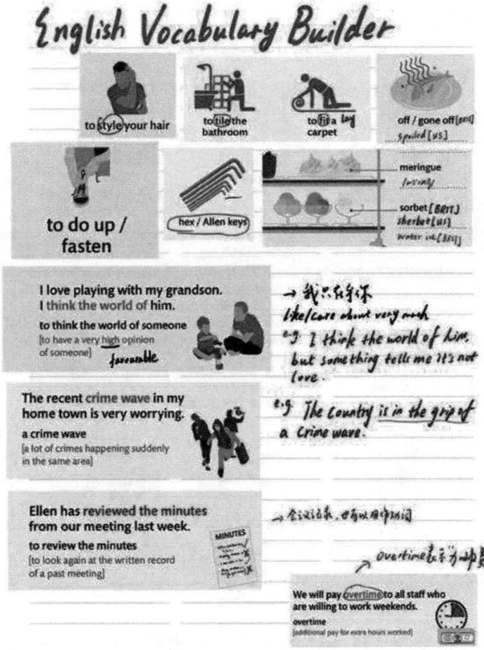

我平时做笔记时的标注

通过词典查询，我可以再次深入了解某些自己想知道的单词释义，这种一举多得的方式非常高效。

四、学会放弃

对于自己从来没有见过的词，不要指望一下子就能把它记住，尤其是那些自己并不会高频用到的词。比如“工具”的用法表达：

如果你没有做过手工，干过粗活，是很难记住 file/plane（“锉”和“刨子”）的含义。这样的词我认为眼熟即可，需要的

时候搜一下就能找到。同理，如果不是特别有兴趣或者是自己的专业，许多疾病或科学相关的词也不需要花很多时间研究。

五、保持阅读

想要高质高效地学习词汇，秘诀就是多读。读多了就知道哪些词是最该学的，读多了自然就和词汇成了朋友。比如你看到了下面这张图，是不是第一眼觉得很简单？

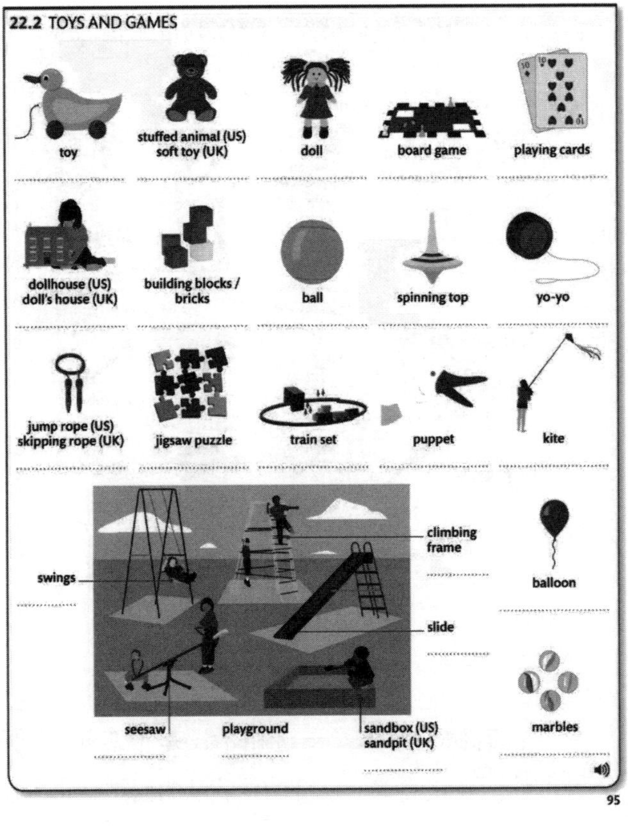

我在看完这张图之后，脑海中是这样想的：

看见toy和balloon我会想到它们常见的动词用法“toy with”（随便对待），以及balloonout（膨胀）；看见puppet我会想到“figurehead”（傀儡）。最好玩的是yo-yo和seesaw，它们其实是非常形象、好玩的表达。

比如我们想说一个人胖了又瘦，瘦了又胖，正常会说成“He has lost weight and then gained weight again quickly.”这时候完全可以用yo-yo替换为“His weight has yo-yoed in recent years.”这样的单词会让人眼前一亮，一下子就记住了。

seesaw也有异曲同工之妙，我们可以通过字典上的词性释义和例句快速记入大脑中。比如，作为形容词来说，它有“拉锯式的”“来回往复的”意思，我们可以用作“价格来回波动（ … a seesaw price situation ）”和“政治上的拉锯战（ … the seesaw way of politics ）”来使用。当它作名词时，可以表示“跷跷板”，例如“Marriage, however, is an emotional seesaw.”（然而婚姻是一块感情跷跷板。）当它作动词时，表示“（感情或某种局面）摇摆不定，来回波动”，例如“The Tokyo stock market seesawed up and down.”（东京股市涨落不定。）

这样学到的英语不需要通过大脑先“翻译”成我们的母语再进行记忆，而是由单词直接想到实物，从而使记忆更加深刻，而且以后看到实物时也能脱口而出对应的英文单词。

优秀的英语学习者应该有哪些好习惯?

How to Teach English(《怎样教英语》)这本书的作者哈默提到，成功的语言学习者一般都具备以下五个特点。

一、A willingness to listen.(愿意去听。)

优秀的学习者不满足只是“听懂了”，还会有意注意听其中的习惯表达、语音特点，刻意模仿和使用。

二、A willingness to experiment.(愿意去试。)

优秀的学习者敢于“have a go”，愿意试错。学了一个表达后，就忍不住要用出来，看看自己用得对不对；读了一篇文章后就忍不住写评论、讲给别人听。

如果不喜欢热闹和表达，也可以说给自己听。不管性格是外向还是内向，优秀的学习者都有“the urge to use the language loudly or quietly”(大声或安静地使用语言的冲动)。

三、A willingness to ask questions.（愿意去问。）

优秀的学习者更关注“为什么”，并且知道什么时候该问问题，什么时候不该问。在英语学习中我们会听到一些模糊的表述，例如后部发声法“s后的清辅音要浊化”等，这时候就要先多问自己几个“这是什么”“为什么”。

还有一类问题没有标准答案，甚至算不上是真问题。例如“阅读时是否要查生词？”“读纸质书还是读电子书好？”对于这些问题，先不要问，去行动就好了。行动后带着具体的疑问和更有经验的人探讨，这样的提问会更有意义。

四、A willingness to accept correction.（愿意接受意见。）

优秀的学习者特别看重反馈，主动寻求建设性意见并且立即执行改进。

五、A willingness to think about how to learn.（愿意思考如何学习。）

优秀的学习者会根据自己的学习情况和需求，参考别人的方法，然后再发明适合自己的方法。有的人会选择看美剧练口语，有的人选择背词典学词汇，有的人选择用App学英语，也有人通过大量阅读积累词汇。这些方法本质上并没有好坏之分，关键是你如何使用。

“逆向法”学英文的提出者钟道隆先生在45岁时才开始学英文，他从慢速英语听起，坚持做听写训练，有时候一天听写的量多达20张A4纸。这种方法可能听起来比较笨，但是如果没有更好的、更适合自己的方法，笨方法就是最好的方法。

学习阶段中的反馈尤其重要。在学习中一定要积极寻求反馈。这个反馈可以来自一个考试，也可以是一位水平比你更高、经验更丰富的英语达人，主动找他们聊一聊，比自己瞎琢磨强多了。高质量的反馈可以帮我们发现盲点，重新审视自己的学习方式、心态，科学规划方案。这些个性化的建议很难通过知乎上几个回答就能解决。

钟道隆先生在持续行动中不断总结自己的学习方法，主动请教他人并主动教他人，这都是“愿意思考如何学习”（a willingness to think about how to learn）的最佳体现。

你是优秀的学习者吗？如果还不是，找一个学习的榜样，并向他学习吧。

我一页页地读完了这本儿童词典

有一天周末，我和小鹿逛二手儿童书店，顺便帮邻家的小姑娘（8岁）挑了一本适用于5到9岁的孩子（英语为母语的标准）学习的词典。

书中有1500个词汇，800多张插图，全英文讲解。

一图胜千言，如果英文已经有了基础，这样的书会很有帮助。别小看它，可能有些词连大朋友们都不认识。比如你能

很轻松地用下面这些单词造个句吗？

tedious/tardy/slant/primer/precipitation/plateau/foliage/ficticious/winsome/tickled/through

要知道这是5—9岁孩子需要知道的词汇。

书中有些细节也是值得多思考的，比如讲到agree时，除了有“I will agree to do it.”还有“Too much toffee does not agree with me.”它等同于“Too much toffee is not good for me.”这样就学到了agree的另一种用法。

“thread the needle”的表达还是我之前在《老友记》中学到的，当时就觉得“虽然简单，但我不会这样用”。这次在这本儿童词典中再次遇见，更加提醒了我“勿以词小而不查，勿以词熟而不屑”。

我带着邻居家的小姑娘每天学几页，学习效果很好，这

though Jane came to the party even **though** it was late.
It was late but she came anyway.

thought Bill **thought** he was doing the right thing.
Bill **believed** he was doing the right thing.
The things we think about are our **thoughts**.

thread Mother sews clothes with **thread**.
Thread is a **very fine string**.

Can you **thread** a needle?
Can you **put the thread through the hole** in a **needle**?

thread常见的动词用法

也是她第一次这样“用英语学英语”。我也从中总结了三点心得，希望对你也有所启发。

一、理念：先接受，再观察

我之前提过一个观点：语言学习的本质是paraphrase。这也是这本书的核心理念，用英语学英语，用旧知识打开新世界。

比如什么是ripe（果实成熟的）？书上就给出了三个例句：

The melon is ripe.

The melon is not green.

The melon is the right age to eat.

这样我们就知道ripe是说明果实的状态，它相当于not green和be the right age to eat。

查词典读例句时，别急着问“这句话啥意思”，先接受它的存在，读一读，猜一猜，然后再查一查。也不需要管“这里是什么语法现象”，直接照单全收，把这句话背下来，然后举一反三造句。

再看另一个单词able，它也包含三个例句：

My older sister is able to play the piano.

She can play the piano.

She knows how to play the piano.

我让小姑娘先读这三句话，然后问她有没有不认识的词，并让她说出这段话是什么意思，引导她观察able的本质和can，know how to一样。接下来我和她一起背这个句子，要求一字不差地背下来，当我问她如何用英语说“我妈妈会做饭”时，她的回答总是丢掉able前面的be，于是我多找了几个句子（其中用到了is/am/are），全程没有任何语法讲解，我们就是反复读、背、造句，几个回合下来她就掌握了这个词。

二、方法：别再问这个单词怎么念

小姑娘经常问我："这个单词怎么念？"我一般会说你自己查一下，如果你查完了还不确定自己念得对不对，我会帮助你。其实许多成年人也一样，经常会这样问问题。

本质上还是大多数人并没有掌握查词典这个技能。我曾经在线下课中用半天的时间专门讲如何查词典、查什么词典、如何利用查词典提升英语学习，学生的一致反应都是："原来还能这样用词典！"许多同是英语老师的学生都说自己一直忽略了词典这个工具。

不知道这个单词什么意思，除了查词典，还可以利用Forvo，Youglish这样的学习发音工具。如果有条件，许多词还可以直接用Google查，里面还有慢速播放功能。

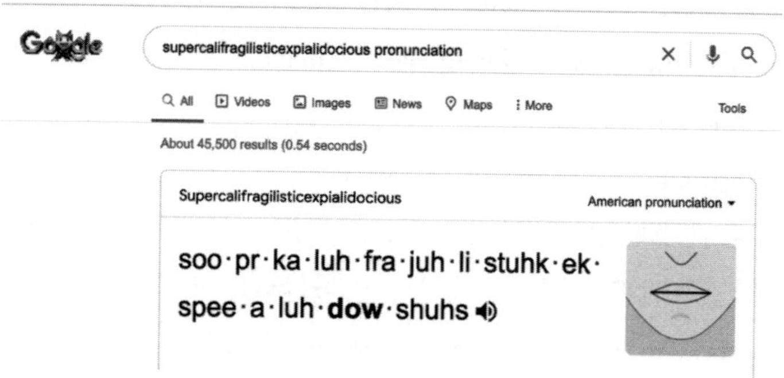

单词的慢速播放功能，根据音节进行拆解

三、心态：每天都学点，先尝到“用英语”的乐趣

学习的目的不是考记忆力，而是提升学习能力，能利用自己所学的知识和技能解决问题。单词忘了可以搜，拼写忘了可以查。学习词汇的目的不是过目不忘，而是忘了之后还有继续背的决心，用多了自然能彻底掌握。

把单词当朋友。先熟悉它的长相、声音、外在，再逐渐观察和欣赏它丰富多彩的内心世界。语言学习之路就是从一词一义到一词一世界的修行。

我给小姑娘上了几次课后，她的妈妈说这本书太好了，理念也很好，还说要把它推荐给她的朋友们。我说倒不一定非得推荐这本书，因为这本书的出版年份比较早，可能不好买到了。比起这个，更重要的是你认可它的学习思路，可以找一些有类似思路的工具书。只有用英语学习英语，体会到能表达的快感，才愿意学下去。

用英语学习英语，观察模仿并付之应用。如今科技如此发达，资源如此丰富，但这不意味着我们学习起来就毫不费力。

会了，就找机会用，没机会用就跟自己说话；不会，也别各种评判自己，给自己贴标签。外练方法，内修心态。

这本70多年前的书，把中国人该如何学英语说清楚了

这本70多年前出版的《中国人学英语》，3年前我就读过，也写过笔记。如今有了更多实践，再读一遍，发掘不一样的滋味，但同样精彩。

《中国人学英语》（我读的版本）

《中国人学英语》的作者是著名语言学家吕叔湘，《现代汉语词典》就由他主编。这本书以问答对话的方式，为读者提

供学好英语的原则及建议。

一、如何选择合适的读物？每天看多少合适呢？

学语言最重要的是循序渐进。吕老说："大概说起来，十分里头有一二分新材料的是最合适的读物。"

要是绝对生疏的单词，以一页（约300个词）里五到七个最为相宜，超过这个数量，读起来就太费事，就会减少阅读的乐趣。

每天读多少合适呢？这个要根据自己的时间和需要安排。吕老的rule of thumb（经验法则）是一天读一小时。刚开始读的时候也要切忌"贪多"，更要切忌"无恒"。不要看到别人说哪本书有趣，就撇下手里这本去读别人推荐的，这样的见异思迁、一曝十寒不会有好结果。

二、我记性不好，读了几十遍还是记不住，有什么好方法传授吗？

吕老说绝大多数人是做不到"过目成诵"的。如果读了几十遍还记不住，那可能是方法有问题。解决记性不好，他提出一招：read dramatically，可以翻译为"戏精阅读法"。

如何理解呢？其实就是读东西的时候，要把自己带入作品里："嘴里念到kick这个词，不妨提起脚来踢一下；念到catch这个词，不妨伸出来抓一把。读《卖火柴的小女孩》的时候，您不妨设想自己就是那瑟缩街头的苦孩子；

读‘丑小鸭’的时候，您也该想象自己就是那蹒跚学步的丑东西。”

三、想学好语法，是不是应该熟读一本语法书？

吕老说语法书一定是要有一本，而且要好好读一读，但是不必熟读：“只要知道一个大概，有疑难处再去翻检翻检就很好。与其多读语法书，不如多读文章。”

另外，他也提醒我们不要过于纠结语法名目，不要啃语法书：“语法的知识该随时随地地从读物里获得。而且只要获得语法的事实，不必斤斤于那些语法名目。”

四、s后面的清辅音是要“浊化”吗？

s后面的清辅音要“浊化”，这是国内很多英语教学中经典的一例。其实并不是什么“浊化”，了解送气和不送气这两个概念后就清楚了。首先要知道我们的普通话中根本就没有浊辅音。普通话中p和b本身是一样的，只是前者送气后者不送气。s后面的清辅音不是浊化了，而是不送气了，因此speak中的p听起来就是拼音中的b。

你可能会说了解这个有什么用呢？

从长期来看，这个概念很重要。一来我们知道了英文中的浊辅音（比如b）和拼音的b并不一样；二来知道了送气的概念后，对我们的发音和听力都有帮助。比如我们想把那些最简单的词（比如apple，people）念好，就不能把这里的p都念成送气版的p。

五、newspaper到底怎么念？

如果你够细心，可能会发现newspaper中的s在很多词典中既可以念成z也可以念成s。那到底该怎么念呢？

其实这里涉及一个语音概念：同化（assimilation）。即一个音的具体发音不是一成不变的，它会受前后影响发生变化。这个细节很微妙，了解它的基本规则，对发音和听力都有帮助。

newspaper中的s本来念z，但是由于受后面p的影响就变成了s。

六、如何辨析同义词？

除了查词典、看英文释义和语法特点外，只有多读多体会。词典的释义往往也有限，只有通过具体语境才能体会出词的真正含义。吕老说："只有读书时仔细体会，反复吟咏，久而久之，自然会心领神会，没有什么具体的方法可以代替这番体会和玩味的工夫。"

七、如何学习习语？

首先什么是"习语"呢？这个难以限定。吕老把习语分为三类：

（1）动词词组，比如depend on；

（2）习惯说法，比如pull one’s leg表示“开玩笑”；

（3）不能光看字面意思，比如don’t let me down并不表示“别让我下来”。

那如何学习这毫无规律可循的习语呢？吕老说得很实在：“没有别的办法，还是要多读、多查、多记。万万不可自作聪明。也不要指望自己读一遍习语词典就能掌握这些说法。词典是供查询的，不要指望看过就能记得。”

一本70多年前的书，依旧适合现在所有想学好英语的你，有些老书，常读常新。

30岁前，让我们“相约星期二”

Morrie Schwartz（莫里·施瓦茨）是美国布兰戴斯大学（Brandeis University）的社会学教授。幽默、风趣、爱跳舞，家庭幸福、事业美满，人生赢家不过如此。

不幸的是，1994年，77岁的Morrie患上了和霍金一样的病——ASL（amyotrophic lateral sclerosis，肌萎缩侧索硬化），俗称“渐冻症”。但是这个不治之症并没有击垮他，当时他所带的课并没有结束，他就这样坚持到学期完结。回到家的Morrie便开始琢磨死亡是怎么一回事，并且把自己的人生感悟写下来分享给朋友们。我想，如果Morrie当时也用微信的话，他一定会时不时发一些类似于“活在当下”“向死而生”这样的话。

Morrie的同事把Morrie分享的感悟心得发给了一位记者，这位记者读后很受启发，于是写了一篇长文报道了Morrie的故事。

这篇文章在当时的阅读量可以说是10W+，引起了美国广播公司一档名为《夜线》电视节目的注意。于是Morrie被邀请参加节目，与主持人以访谈的形式分享了他的故事和人生哲学。很巧合的是，这个节目被Morrie教过的一位学生Mitch

Albom（米奇·阿尔博姆）看到了，他决定联系这位自己最崇拜的教授，想面对面去聆听他的“人生意义”课程。

就这样，Mitch与Morrie约定好，每周二都去Morrie教授家里陪他，跟他“上课”，尽管每次Mitch都要飞上千英里，但他觉得十分值得。

“课程”持续了14周，直到1995年11月Morrie去世。Mitch把14周的谈话写成了这本*Tuesdays with Morries*（《相约星期二》），希望把教授的人生思考分享给更多的人。

纸质版图书不厚，语言简单直白，有英语基础的人都能看懂。里面的常用短句，多以对话的方式记录恩师的教诲。我把我认为重点的内容整理在下面，建议边看边出声读一读。

World: The most important thing in life is to learn how to give out love, and to let it come in. Love is the only rational act.

Feeling Sorry for Yourself: I give myself a good cry if I need it. But then I concentrate on all the good things still in my life.

Regrets: What if today were my last day on earth?

Death: Once you learn how to die, you learn how to live.

Everyone knows they're going to die, but nobody believes it. If we did, we would do things differently. Most of us all walk around as if we're sleepwalking. We really don't experience the world fully, because we're half-sleep, doing things we automatically think we have to do.

Family: There is no experience like having children.

Emotions: Learn to detach. Don't cling to things, because

everything is impermanent.

Image Fear of Aging: It is impossible for the old not to envy the young. But the issue is to accept who you are and revel in that.

Morrie在这场同疾病的斗争中败下阵来。他越来越不能自理，除了呼吸和咽食，其他事情他几乎都要依靠别人，好像一切都回到了孩童时代。他并未因“一个成年人应为此感到羞耻”的文化而羞愧，反而他坦然接受，forget shame（忘掉羞耻），enjoy dependence（享受依赖）。

Morrie不觉得年轻就一定好。每个年纪都有不同的美，变老不只是身体衰老，它还意味着成长，意味着我们的生活变得更有质量，思想更成熟，精神世界更加丰富。他认为那些说希望自己重返青春的人，多是因为还没有找到人生的意义。

If you've found meaning in your life, you don't want to go back. You want to go forward. You want to see more, do more. You can't wait until sixty-five.

Money: You know what really gives you satisfaction? Offering others what you have to give.

How Love Goes On: Invest in people.

Marriage: You get tested. You find out who you are, who the other person is, and how you accommodate or don't.

Forgiveness: Forgive yourself before you die. Then forgive others.

以上是我在Morrie所说的话中找到的“人生意义”的亮点，当你自己阅读时，会有和我不一样的感悟，下面，我来分享5个书中特别实用的表达：

（1）His voice was strong and inviting, and his mind was vibrating with a million thoughts.

invite是“邀请”，不过inviting表示“吸引人的”。因此“迷人的微笑”可以说“an inviting smile”，“空气怡人”可以说“The air is inviting.”

（2）He refused to be depressed. Instead, Morrie had become a lightning rod of ideas.

lightning rod本义是“避雷针”，我们可以用“someone is a lightning rod of something”表示“招引……的人”“活靶子”。英文解释是：one that is a frequent target of criticism or focus of controversy，是不是一下子能想到某些惹争议的机构？

（3）The dream soured.

sour本义是“酸”，动词表示“变馊”，除了形容食物，也常用来形容状况、关系变得糟糕，和中文的“变味了”差不多。

这里的“the dream soured”可以理解为“梦想破灭了”，还可以说“Everything turns sour.”表示“一切都变得很不顺利”。“Our relationship goes sour.”表示“我们的关系变得大不如从前”。（可能是友谊的小船翻了，要分手了之类）

（4）A colleague read a note from a woman named Nancy, who had lost her mother to ALS.

这里的“lose someone to”后面接某种疾病，注意介词用 to。

（5）One friend was so taken with the words that he sent them to a Boston Globe reporter.

一想到“对……有兴趣”，我们可能会说“be interested/attracted in”，或“be into”，下次可以试试“be taken with”。

30 岁前，听听 Morrie 的话，多给自己提提醒。30 岁后，你可能真的就听懂了，重在践行。“Live, with dignity, with courage, with humor, with composure.”（活得有尊严，有勇气，有幽默感，沉着冷静。）

一本提升英文写作的活用词典

虽然我们学过很多常用表达，但是真正使用的时候经常脑袋空白。借助各类词典在茫茫“词海”中寻寻觅觅，大费周章却事倍功半，最后心一横，差不多就行了！“心中有而笔下无”该怎么办？

我推荐用《朗文英语写作活用词典（英汉双解）》来帮助我们解决这个问题。

南京大学外国语学院的张柏然教授在序言中写到，如果想找到合适的词汇来准确表达自己的意思，必须“从意义出发去查找语词”。这本《朗文英语写作活用词典（英汉双解）》收集了866个关键概念，它把表达意思相近或者属于同一类的词编排在一起。配以言简意赅的描述和生动有趣的例子，帮助我们找到更恰当、准确、鲜活的表达。

举几个例子。你如何用英文描述右侧图片的含义呢？

你可能会这样写：She is not eating very much of her meal because she is thinking about something else. She doesn't look very happy.

这样写没有任何问题。不过还有没有更准确、简洁的表达方式呢？有没有一个词可以表示“因为感到不舒服或者不开心，慢慢悠悠地吃东西”呢？我们可以通过这本词典查找eat。

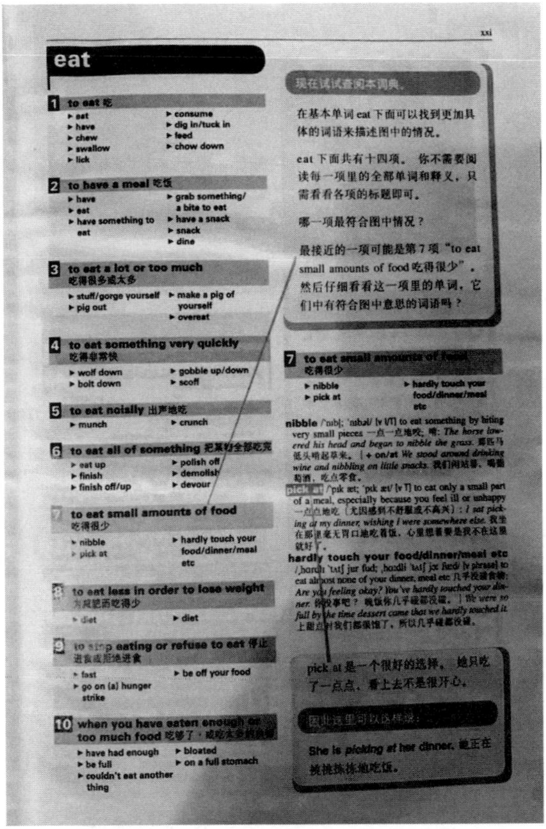
xxi

eat

1 to eat 吃
- eat
- have
- chew
- swallow
- lick
- consume
- dig in/tuck in
- feed
- chow down

2 to have a meal 吃饭
- have
- eat
- have something to eat
- grab something/a bite to eat
- have a snack
- snack
- dine

3 to eat a lot or too much 吃得很多或太多
- stuff/gorge yourself
- pig out
- make a pig of yourself
- overeat

4 to eat something very quickly 吃得非常快
- wolf down
- bolt down
- gobble up/down
- scoff

5 to eat noisily 出声地吃
- munch
- crunch

6 to eat all of something 把某物全部吃完
- eat up
- finish
- finish off/up
- polish off
- demolish
- devour

7 to eat small amounts of food 吃得很少
- nibble
- pick at
- hardly touch your food/dinner/meal etc

8 to eat less in order to lose weight 为减肥而吃得少
- diet
- diet

9 to stop eating or refuse to eat 停止进食或拒绝进食
- fast
- go on (a) hunger strike
- be off your food

10 when you have eaten enough or too much food 吃够了，或吃太多的食物
- have had enough
- be full
- couldn't eat another thing
- bloated
- on a full stomach

现在试试查阅本词典。

在基本单词 eat 下面可以找到更加具体的词语来描述图中的情况。

eat 下面共有十四项。你不需要阅读每一项里的全部单词和释义，只需看看各项的标题即可。

哪一项最符合图中情况？

最接近的一项可能是第 7 项“to eat small amounts of food 吃得很少”。然后仔细看看这一项里的单词，它们中有符合图中意思的词语吗？

7 to eat small amounts of food 吃得很少
- nibble
- pick at
- hardly touch your food/dinner/meal etc

nibble /ˈnɪbl; ˈnɪbəl/ [v I/T] to eat something by biting very small pieces 一点一点地咬；啃：*The horse lowered his head and began to nibble the grass.* 那匹马低头啃起草来。| + on/at *We stood around drinking wine and nibbling on little snacks.* 我们闲站着，喝着葡萄酒，吃点零食。

pick at /ˈpɪk æt; ˈpɪk æt/ [v T] to eat only a small part of a meal, especially because you feel ill or unhappy 一点点地吃（尤因感到不舒服或不高兴）：*I sat picking at my dinner, wishing I were somewhere else.* 我坐在那里毫无胃口地吃着饭，心里想着要是我不在这里就好了。

hardly touch your food/dinner/meal etc /ˌhɑːdli ˈtʌtʃ jʊr fud; ˌhɑːdli ˈtʌtʃ jɔː fuːd/ [v phrase] to eat almost none of your dinner, meal etc 几乎没碰食物：*Are you feeling okay? You've hardly touched your dinner.* 你没事吧？晚饭你几乎碰都没碰。| *We were so full by the time dessert came that we hardly touched it.* 上甜点时我们都很饱了，所以几乎碰都没碰。

pick at 是一个很好的选择。她只吃了一点点，看上去不是很开心。

因此这里可以这样说：

She is *picking at* her dinner. 她正在挑挑拣拣地吃饭。

eat 的用法

查找后发现，“吃”被分解成更具体的动作，比如快吃、慢吃、出声地吃、为减肥而少吃、绝食等。我在“to eat small amounts of food”里面可以找到“pick at”，这个词的意思是“一点点地吃（尤因感到不舒服或不高兴）”。因此上面那一串话还可以写成：She is picking at her dinner.

对比一下，是不是这句话读起来更准确也更“高级”？

再来看书中的另一个例子：下方图片所表达的内容看起来不难，我们可以直接描述成：“The little boy is crying. He's very upset.”但是有没有更鲜活、具体、多样的表达呢？我们再次利用词典查找cry。

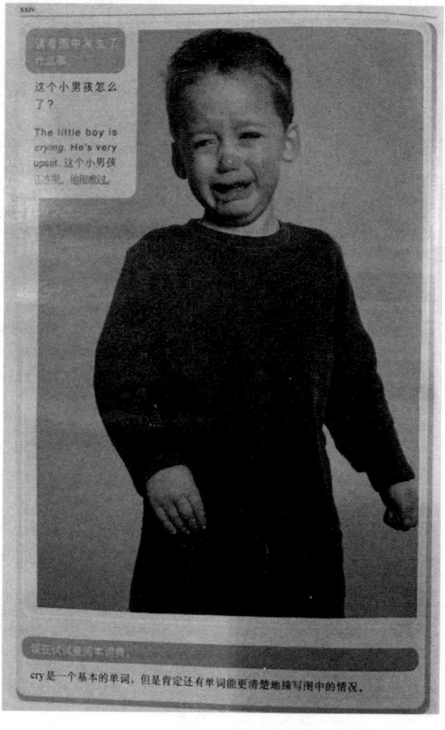

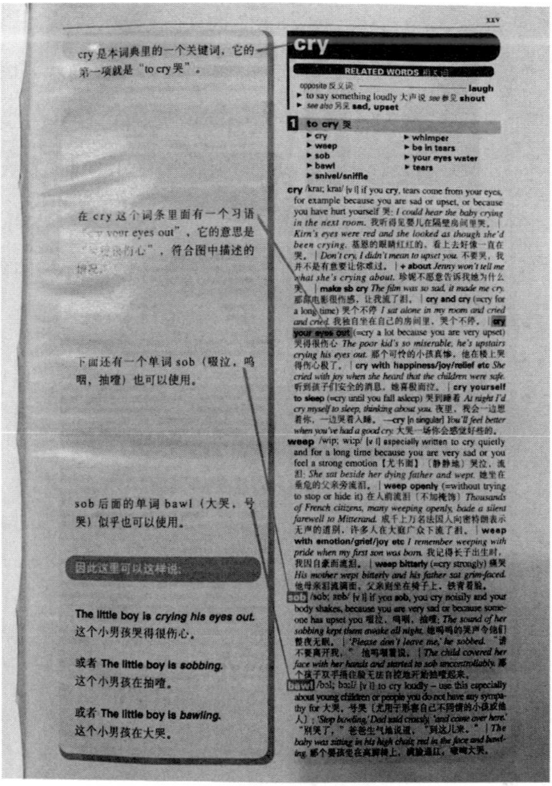

xxv

cry是本词典里的一个关键词，它的第一项就是"to cry哭"。

在cry这个词条里面有一个习语"cry your eyes out"，它的意思是"哭得很伤心"，符合图中描述的情况。

下面还有一个单词sob（啜泣，呜咽，抽噎）也可以使用。

sob后面的单词bawl（大哭，号哭）似乎也可以使用。

因此这里可以这样说：

The little boy is *crying his eyes out*.
这个小男孩哭得很伤心。

或者 The little boy is *sobbing*.
这个小男孩在抽噎。

或者 The little boy is *bawling*.
这个小男孩在大哭。

cry

RELATED WORDS 相关词

opposite 反义词 —— **laugh**
▶ to say something loudly 大声说 *see* 参见 **shout**
▶ *see also* 另见 **sad, upset**

1 to cry 哭

▶ cry　▶ weep　▶ sob　▶ bawl　▶ snivel/sniffle
▶ whimper　▶ be in tears　▶ your eyes water　▶ tears

cry /kraɪ; kraɪ/ [v I] if you cry, tears come from your eyes, for example because you are sad or upset, or because you have hurt yourself 哭：*I could hear the baby crying in the next room.* 我听得见婴儿在隔壁房间里哭。| *Kim's eyes were red and she looked as though she'd been crying.* 基恩的眼睛红红的，看上去好像一直在哭。| *Don't cry, I didn't mean to upset you.* 不要哭，我并不是有意要让你难过。| **+ about** *Jenny won't tell me what she's crying about.* 珍妮不愿意告诉我她为什么哭。| **make sb cry** *The film was so sad, it made me cry.* 那部电影很伤感，让我流了泪。| **cry and cry** (=cry for a long time) 哭个不停 *I sat alone in my room and cried and cried.* 我独自坐在自己的房间里，哭个不停。| **cry your eyes out** (=cry a lot because you are very upset) 哭得很伤心 *The poor kid's so miserable, he's upstairs crying his eyes out.* 那个可怜的小孩真惨，他在楼上哭得伤心极了。| **cry with happiness/joy/relief etc** *She cried with joy when she heard that the children were safe.* 听到孩子们安全的消息，她喜极而泣。| **cry yourself to sleep** (=cry until you fall asleep) 哭到睡着 *At night I'd cry myself to sleep, thinking about you.* 夜里，我会一边想着你，一边哭着入睡。 —**cry** [n singular] *You'll feel better when you've had a good cry.* 大哭一场你会感觉好些的。

weep /wiːp; wiːp/ [v I] especially written to cry quietly and for a long time because you are very sad or you feel a strong emotion【尤书面】(静静地)哭泣，流泪：*She sat beside her dying father and wept.* 她坐在垂危的父亲旁流泪。| **weep openly** (=without trying to stop or hide it) 在人前流泪（不加掩饰）*Thousands of French citizens, many weeping openly, bade a silent farewell to Mitterand.* 成千上万名法国人向密特朗表示无声的道别，许多人在大庭广众下流了泪。| **weep with emotion/grief/joy etc** *I remember weeping with pride when my first son was born.* 我记得长子出生时，我因自豪而流泪。| **weep bitterly** (=cry strongly) 痛哭 *His mother wept bitterly and his father sat grim-faced.* 他母亲泪流满面，父亲则坐在椅子上，铁青着脸。

sob /sɒb; sɑːb/ [v I] if you sob, you cry noisily and your body shakes, because you are very sad or because someone has upset you 啜泣，呜咽，抽噎：*The sound of her sobbing kept them awake all night.* 她呜呜的哭声令他们整夜无眠。| *'Please don't leave me,' he sobbed.* "请不要离开我，"他呜咽着说。| *The child covered her face with her hands and started to sob uncontrollably.* 那个孩子双手捂住脸无法自控地开始抽噎起来。

bawl /bɔːl; bɔːl/ [v I] to cry loudly – use this especially about young children or people you do not have any sympathy for 大哭，号哭〔尤用于形容自己不同情的小孩或他人〕：*'Stop bawling,' Dad said crossly, 'and come over here.'* "别哭了，"爸爸生气地说道，"到这儿来。" | *The baby was sitting in his high chair, red in the face and bawling.* 那个婴孩坐在高脚椅上，满脸通红，嚎啕大哭。

cry的用法

查找以后，我们可以说：

The little boy is crying his eyes out.

The little boy is sobbing.

The little boy is bawling.

这样的编排设计，在我看来揭示了精进写作或口语表达的本质：不满足一个合适的表达，利用工具、知识储备、阅读积累让表达更准确、具体、简洁。

我会通过阅读这本词典，结合已有知识"主动阅读"，查漏补缺。比如我学到pad作动词时表示“放轻脚步走”。smart经常表示穿着讲究，所以如果有人对你说“you look smart today”时，可能是说你今天穿得很精神，而不是说你今天脑子挺好使。一些例句的中文也很接地气，比如很多人在有了孩子后，觉得自己像“老妈子”，用英文就可以说household drudge。另外，drudge还要和drudgery/grind（苦差事）一起记忆。

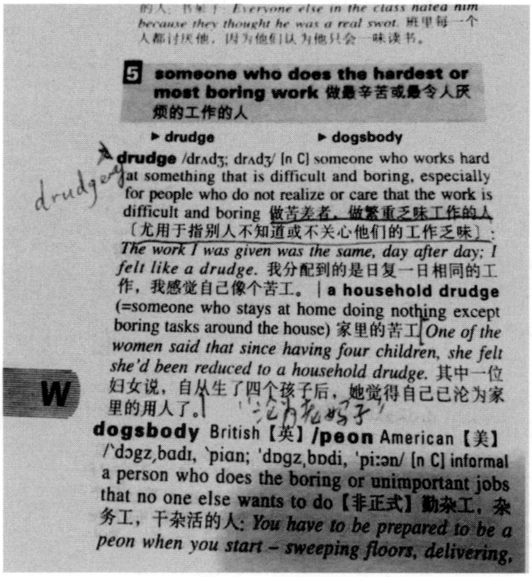
的人；书呆子：*Everyone else in the class hated him because they thought he was a real swot.* 班里每一个人都讨厌他，因为他们认为他只会一味读书。

5 someone who does the hardest or most boring work 做最辛苦或最令人厌烦的工作的人

▸ **drudge** ▸ **dogsbody**

drudge /drʌdʒ; drʌdʒ/ [n C] someone who works hard at something that is difficult and boring, especially for people who do not realize or care that the work is difficult and boring 做苦差者，做繁重乏味工作的人〔尤用于指别人不知道或不关心他们的工作乏味〕：*The work I was given was the same, day after day; I felt like a drudge.* 我分配到的是日复一日相同的工作，我感觉自己像个苦工。| **a household drudge** (=someone who stays at home doing nothing except boring tasks around the house) 家里的苦工 *One of the women said that since having four children, she felt she'd been reduced to a household drudge.* 其中一位妇女说，自从生了四个孩子后，她觉得自己已沦为家里的用人了。

W

dogsbody British【英】/**peon** American【美】/ˋdɔgz,badɪ, ˋpiɑn; ˈdɒgz,bɒdi, ˈpiːən/ [n C] informal a person who does the boring or unimportant jobs that no one else wants to do【非正式】勤杂工，杂务工，干杂活的人：*You have to be prepared to be a peon when you start – sweeping floors, delivering,*

drudge的单词释义

你有没有为自己鼻子大、个子矮等缺陷感到烦恼？这种会让你没自信、觉得尴尬的烦恼叫hang-up。这样的例子还有很多很多，就像这本词典的口号一样：“助你用活英语”。这句口号也在提醒我们不要满足于能表达清楚、别人能听得懂的水平，要把语言用活，用得更恰当、具体、简洁。

有的书，值得你慢慢去读

2020年11月，我们在社群原版书训练营读了马歇尔·卢森堡的*Nonviolent Communication*（简称NVC，中文叫《非暴力沟通》）。内容比较简单，不过我读得很慢，读完一小段就会想很久。

非暴力沟通，也被称为爱的语言或慈悲的语言（Compassionate Communication）。它以这种慈悲的方式与他人建立连接，帮助我们更深入了解自己的具体沟通方式。读完这本书后，我发现从观察（observations）到要求（requests）的过程非常有电影画面感——从表面到内心，由内到外。沟通的内核是认识自己。

语言是模糊的工具，我们常依着惯性说话，很少去细读语言背后的情绪和动机。NVC教我们把光打到语言上，然后顺着它探索我们感受到的一切。

比如我们常说的委屈、愤怒、自我怀疑到底是指啥呢？NVC说底层只是自己的需求没有得到满足。只是知道这一点就不太会有很大的波动，也不会做什么蠢事。我们会忍不住评判、责备，这都无比正常，只是在察觉自己的情绪后，把注意力放在自己和他人的需求上，才能让自己看得透、放得下。

再比如，全书没有出现什么好坏、对错的字眼，而是说“……很肤浅”“……不能充分满足双方的需求”。当我们能够用自己的词汇定义我们的世界时，我们才可以真的看到自己，而不是被评判和责备蒙蔽内心和眼睛。

那我们该如何践行NVC呢？我总结为“take the next step”（迈出下一步）。

知道了基本原理后，只需要提醒自己多想一步，多走一步即可。“我为什么有这个情绪？”“它是什么？”“它可能是什么？”“我需要什么？”事情可能还是那个事情，但是有了“take the next step”，就可以有所感悟。

不过，NVC是理想的沟通方式，是提醒我们可以主动选择表达情绪的方式。我们不要为自己的“暴力沟通”而过于自责，被“非暴力沟通”绑架。要接受自己的每一个阶段、每一种情绪，并且为自己的选择负责。

拿我来说，我觉得依然有时还处于Obnoxious Stage（讨厌的阶段），情绪波动大。但我会主动运用NVC：察觉到自己的情绪，发现自己的需求并提出请求。比如我请求我的学生尽量用完整句子讨论，既可以练习表达能力，也可以提升讨论质量让更多人受益；我请求我的读者在提问前自己稍稍做做功课，问题要尽量具体，这样可以让对方觉得被尊重，更容易交流沟通。

我经常提醒自己带着悲悯之心（sympathy）主动沟通，效果往往都非常好，不仅满足了我的需求，也让双方得到理解和尊重。

这本书中的一些小建议非常实用。比如“using positive

language”（利用否定语言），不要总说“我不能再……”“我希望你不要……”，而要说“我希望自己/你……”，只是把否定句改成肯定句，就对自己多了份肯定和期待。如果这个要求可以更具体一点，能兼顾到他人的情绪和需求，真的就可以实现——当你发自内心地想做一件事情，全宇宙都在帮你。

沟通如此，其他事情也都一样。

很多人还在为学英语处于痛苦中，我想主要原因是不清楚自己学习的需求是什么。每当这种情绪出现时，多是选择让它们一闪而过，把需求没有得到满足归结于懒惰、不擅长等，没有“take the next step”，分不清“需求”和“策略”。

我们常说的“书山有路勤为径”“未经审视的一生不值得一活”中的勤和审视是指什么？可能就是不断地“take the next step”。找到honesty（真诚）和vulnerability（弱点）才能获得真正的力量。

可能多数人看不进去这本书，因为它翻来覆去就是说那几个概念，然后用大量的例子来补充说明。这也很正常，道理不是几句名言就能深入人心，它需要故事，需要温度、色彩、幽默等。而我读完这本书，那些故事都还记忆犹新，比加粗黑体字的“总结公式”提醒效果更好。

没有什么书非读不可，没有什么人点石成金。书也好人也好，都只能提醒我们还可以这样想这样过活，它们的存在也只是唤醒我们人人心底都有的那份孤独、热爱、恐惧和希望。

Never walk when you can dance.（永远不要在可以走路的时候拼命地跑。）

我曾一个月每天都看的枕边书

蒂姆·费里斯的*Tools of Titans*（《巨人的工具》）这本书我读了快一个月，600多页，我就把它放在床边，睡前醒来翻一翻，每天都有不一样的小收获。

蒂姆·费里斯是一位生活实验家，学习和执行能力极强，同时也是位笔记狂人（a compulsive note-taker）。他用播客跟各行各业的顶级高手聊天，向他们取经，探索他们的成功的道与术。他把采访内容和心得总结成这样一本书，可以把它看作一本学霸的笔记精华版。

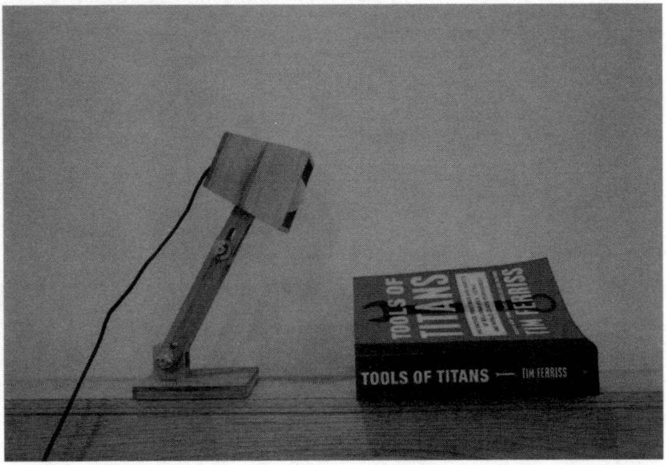

推荐这本书主要有3个原因。

一、书虽厚，但特别好读

蒂姆说这本书是自助餐型，可以按人名或主题选择阅读。他同时给了两点阅读建议，也适用于读其他的书：

Rule #1: Skip liberally. 可以自由跳过。蒂姆说人们对“干货”“有用”的定义不同，要主动找到对自己最有帮助的那10%内容。

Rule #2: Skip, but do so intelligently. 可以跳过，但是要问自己为什么。你为什么跳过呢？是你的偏好还是偏见？万一你错过的正是你的盲点和最需要的地方呢？

整本书的版式风格是笔记体，作者的语言直白简洁又幽默，读起来非常轻松。书中话题无比丰富，每几页就能打开一个新世界。

二、随时随地跟大咖长知识

书中的牛人们分享了许多日常习惯供我们参考。比如有人早上起来先冲个冷水澡，然后铺个床，再花5分钟写个日记来提升自己的幸福感。

书中也有很多金句能带给我们启发。比如马克·安德森说的“Strong views, loosely held.”（强烈的信念，不盲目的坚持。）

对于同一话题，不同的采访嘉宾会持有相同或相反看法，蒂姆也会贴心地在书中做了笔记帮我们快速定位。

张海露Eric
3-8 06:33 from IPhone XS ...
34.3K Views

今天是3月晨读第一天，要结束时我分享了昨晚刚读到的内容。Tools of Titans中提到一个5MJ，即5-Minute Journal，我发现它是极好的迷你口语训练、自我暗示工具。这个5分钟日记很简单，格式是白加黑。

白天：

I'm grateful for1)__2)___3)____.

What would make today great? 1)2)3)

(Daily affirmations) I am... 1)2)3)

睡前：

3 amazing things that happened today. 1)2)3)

How could I have made today better? 1)2)3)

只是用一两分钟想一想这几个问题，就会觉得其实自己已经拥有很多，自己是幸福的充实的，也可以让自己更幸福充实。

我也通过写微博分享的方式培养日常习惯，提升幸福感

三、书单影单推荐

我非常喜欢这本书的附录部分，里面有往期播客精选清单、访谈必备问题清单，还有嘉宾们“安利”的书单和影单。就像书中说的“Success, however you define it, is achievable if you collect the right field-tested beliefs and habits.”（成功，无论你如何定义它，如果你收集到正确的、经过检验的信念和习惯，都是可以实现的。）阅读是学习的捷径之一，看完这些书单后，我就跑去书店，先入手了《道德经》、《孙子兵法》、《悉达多》和《沙丘》。

这些书单和影单够我用几年的时间去吸收消化。所以如果你以后不知道读什么书的话，可以试着翻翻这本书，找一位你喜欢的嘉宾，读一读对他们有启发的作品吧。

而本书的作者蒂姆真的太会学习了，他肯努力下苦功夫，只要有兴趣就去践行验证，在听别人的看法建议的同时，也有自己的观点，自信又谦虚。他是“I can think, I can wait, I can fast”的极佳代表。正是因为自己一直在学在做，他有机会和更多优秀的人近距离学习，慢慢也成了更优秀的人。

书中最让我啧啧称赞的一段是开篇时讲到为什么要写这本书，蒂姆的回答是：“The superheroes you have in your mind are nearly all walking flaws who’ve maximized 1 or 2 strengths.”（你心中的超级英雄几乎都是脚踩缺陷，却将一两个优势发挥到极致的人。）

看完之后有没有得到些安慰？那些我们眼里无所不能的巨人，他们有自己的挣扎和挫败，不过好在他们发现了自己的优势并且充分利用。羡慕别人的结果时，要知道他们和我们一样是凡夫俗子，一样有许多不足，一样需要努力和持之以恒。

You are not alone, and you are better than you think. Get after it.（你不孤独，你要比你想象中的好很多。努力去追随你想要的吧。）

读文学经典，常读常新

“纳尼亚传奇”（*The Chronicles of Narnia*）系列是我一直很想读的书。最后终于下决心把它买了下来，却也迟迟没打开。在一次我从清迈飞到曼谷的途中，出门前抽了一本《纳尼亚传奇——魔法师的外甥》，我利用候机和坐飞机的工夫把它读完了。

我是边读边在语言点上做标记，然后结合电子版检索整理，总结了一份读书笔记。即使你不打算读这套书，下面这些精选的语言点也会对你有很多收获。

“纳尼亚传奇”系列的故事可以看作是“儿童版圣经”，许多设定和语言风格都有《圣经》的影子。《纳尼亚传奇》于1950—1956年间出版，语言风格和现在的通俗小说有所不同，有些用法也有些过时，不过完全不影响阅读。

我总结了下面这些语言点，多是一些“熟悉的陌生人”。

一、game

书中出现了3次“I’m game if you are.”这句话，我们可以理解为“你敢我就敢”。game在这里表示“甘愿尝试”“有冒险精神的”。另外，还出现了一次“What’s your game?”可以

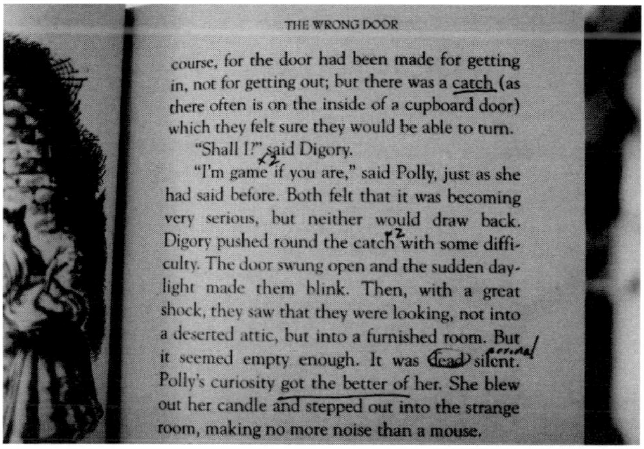

THE WRONG DOOR

course, for the door had been made for getting in, not for getting out; but there was a catch (as there often is on the inside of a cupboard door) which they felt sure they would be able to turn.

"Shall I?" said Digory.

"I'm game if you are," said Polly, just as she had said before. Both felt that it was becoming very serious, but neither would draw back. Digory pushed round the catch with some difficulty. The door swung open and the sudden daylight made them blink. Then, with a great shock, they saw that they were looking, not into a deserted attic, but into a furnished room. But it seemed empty enough. It was dead silent. Polly's curiosity got the better of her. She blew out her candle and stepped out into the strange room, making no more noise than a mouse.

边阅读边做标记

理解为“你在搞什么鬼把戏？”

二、humor

文中有一句话令我印象深刻：“Digory and Polly glanced at one another. They dared not say anything, but the glances meant ‘Isn’t this dreadful?’ and ‘We must humor him’.”

humor在这里表示“迎合”，这个用法很常见，当我们想说“迁就”“顺从”时就可以用它。

三、why

why在书中出现了30余次。除了表示“为什么”之外，它也是常见的语气词，表示惊讶或者突然意识到某事，常译为“嗐！”“哎呀！”

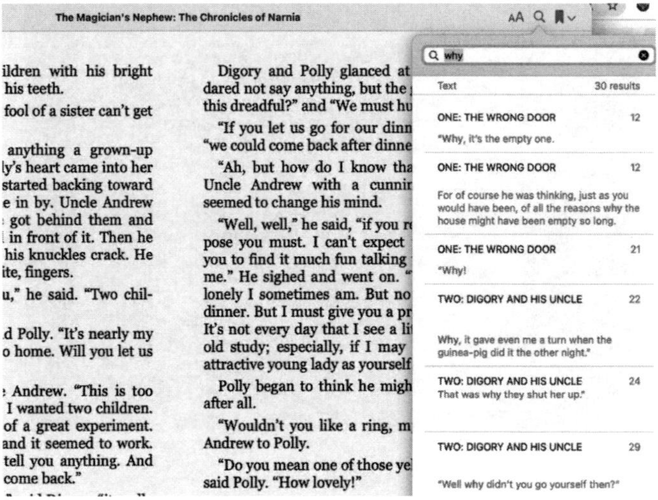

搜索 why 后可以看见它在各个页面上的表达

四、jaw

“Oh, do stop jawing.” 这个说法我是第一次见，“stop jawing”表示“别废话了”。这里的jaw有“唠叨”“说教”的意思，相当于我们常用的nag。书中还出现了它的名词用法“I’m sick of this jaw.”

除了这几个关键点，书中还有一些简单实用的用法：

（1）Ten to one she’s only shamming.

“ten to one”和我们常说的“十有八九”一个意思，表示very likely（极有可能）。

（2）I’ve told you times without number that I will not lend you money.

"times without number" 就是我们常说的 "无数次"。

（3）It's not every day that I see a little girl in my dingy old study; especially, if I may say so, such a very attractive young lady as yourself.

"It's not every day that … " 是个高频句式，就是它字面意思 "不是每天都……"，不过我们可能想不到这样用，当我们想说某事很特别时就可以用它。

（4）"Oh, it's rings, is it?" cried Jacks. She would have had her hands in Digory's pocket before you could say knife, but Digory grabbed Polly and shouted …

×　英语学习笔记 >　…

这里有梗。字面意思是「比你说 PC 还要快」，可能还是「比你说的那种电脑快」。是不是觉得有点奇怪?

我认为它是套用了习语 Faster than you can say Jack Robinson，表示特别特别快。类似的说法还有 before you can say Jack Robinson，表示「突然的」「一刹那」。

对于一些似曾相识的知识点，一定要有回头查阅的习惯当我看见“before you could say knife”时，我的第一反应是这个用法我见过，然后我去搜文档，果然在我一年前赏析苹果产品文案时写到了与之一致的表达“before you can say Jack Robinson”。所以再次见到此类相同表述时秒懂，也不觉得别扭，像是遇到了换了身行头的老朋友。这让我再次感受到：学一个说法不重要，重要的是这种他乡遇故知的学习体验。

学语言就是日积月累。回头看会发现有很多奇怪、别扭的英语说法。不过没关系，在见多识广有了足够长的“浸泡”后，你就会慢慢习以为常。对语言的赏析理解能力不是只看几本教科书，了解一些术语就能提升，它和那些人生道理一样，得自己经历自己感悟。

可别小看这些儿童读物

看儿童英文读物学英语一直都是我的兴趣，我之前还用Jeff Kinney（杰夫·金尼）和Roald Dahl（罗尔德·达尔）的作品教成人学英语。

儿童读物内容会不会太幼稚？语言会不会太简单？为什么不用这个时间和精力读外语书刊？

对我来说，读儿童读物是语言学习的“零食”。内容上确实简单甚至无聊，不过我的注意力是语言。我会想：这可是外国小朋友们的读物，他们能看懂的我也一定要看懂！通过读儿童读物，我更了解哪些语言点值得学习，也感受到语言的灵活性。

如果你对自己足够诚实，即使你考过了英语专业八级，雅思总分在7分以上，你也会发现儿童书籍中有很多地方依然是你的盲点——毕竟大多数成年英语学习者并不是从小就在英语的学习环境中。

上读经典，下看童书，学习素材没有高低之分，对自己有用才是硬道理。

我有一段时间一直在Epic!（儿童电子书库App）上看童书。随机选一本（我偏爱漫画型），花不到10分钟读完，每次都能学到新东西。

一、*Mo and Jo: Fighting Together Forever*（《莫和乔：永恒的“战斗”》）

单看这本书的名字，其实就自带信息量，它应该是来自mojo一词，表示“魔力、魅力”的意思。我总结了4处有趣的语言点，你看你都会吗？

Mo and Jo 的电子书封面

（1）I'm retiring to Miami.

retire表示“退休”的意思，但我们可能不会用“retire to”的用法，《牛津高阶英汉双解词典》上的例句是这样的：My dream is to retire to a villa in France.（我的梦想是退休后在法国住上一栋别墅。）

（2）I'll race you to the parade.

"I'll race you to … "可以理解为"看谁先到……"，口语中一般会直接说"race you to … "；"eat my dust"的字面意思是"吃我的土"，引申义就是我比你快，有点"望尘莫及"的意思。

（3）I know the costume, but I can't place the face.

这里的place和know意思差不多，表示"认识"，当我们想表示"认不出""记不起来"时就可以用这种表达。

（4）That was a close shave.

这是个常见说法，表示"刚才差点就没命了"，类似的说法还有"a close call""a narrow escape"。

二、*Peanuts*（《花生漫画》）

这本书中出现过两次"Good grief！"（感叹语：天哪，真倒霉），我就告诉自己这个表达要记住。当我看到无比简单的Good thinking时，我会提醒自己：如果我不会这样用，没这样说过，我永远也不知道这么用。我从来都不知道"Good idea!"原来可以用"Good thinking!"表示，而且在我查词典时还学到了一个幽默梗"Good thingking, Batman!"常表示对别人想法的称赞。

Peanuts 的电子书封面及内页展示

看，小小的童书里面有不少貌似简单但自己并不会的说法，这说明我们大多数人输入输出的英语数量和质量都远远不够。

保持诚实，努力谦虚，才能一直进步。诚实是敢于知道自己几斤几两，别装别糊弄；谦虚不是做样子给他人看，而是知道总会有盲点和进步空间。路漫漫其修远兮。

学英语这么多年，我现在还在“刷”《老友记》

学英语这么多年，我现在还在“刷”《老友记》，倒不是这部剧对英语学习有什么奇效，而是我一直都没看完整。有一次我无意间在Netflix（流媒体播放平台）上看到有它，就决心开始看，一天1—2集，边看边用弹力带健身。这部剧让我对如何“看剧学英语”有了新的感受。

有人封《老友记》为英语学习神剧，说看懂它就搞定了口语。这话听着没错，实则有点“鸡贼”，若是有能力利用这个剧学口语，那用同样的方式看别的剧一定也行。也有人会跳出来批评《老友记》，说：“这部剧早就out了！里面的表达不实用！”

我不太赞同这样的说法。道理很简单：20多年前的语言和现在能有多大区别？那一点点的区别对我们第二语言学习有多大影响？要是怕这个不实用，怕那个过时了，那就没法看影视剧学英语了。

看什么剧不重要，最重要的是你喜欢。无非是用自己的“喜欢”抵抗学习中必不可少的枯燥重复和刻意练习。《老友记》每集不长，节奏轻松，无须动脑，故事围绕生活，能满足这几个特点的剧都适合学英语。

千万别指望有啥神书神剧，学习这事就是付出越多收获越多。那些说自己是看了《老友记》口语变好的人，他做的不只是把《老友记》都“看”了一遍；那些说自己看了《老友记》英语没进步的，你让他学啥可能也没用。

不过，最怕的是天天研究各种有的没的，也不管适不适合自己的“学习爱好者”。生怕自己的时间被浪费，付出的努力不能达到最大效果，最后一直都在原地打转。就像减重的方法有跳绳、跑步、骑自行车、“撸铁”、瑜伽，哪个最好？和你什么也不做相比，哪个都是最好。

和几年前相比，我看剧学英语的角度也有变化。之前更侧重词汇、语法和习语表达，现在更侧重那些貌似简单、一听就会但其实自己不会说的地方，经过这几年教英语的磨炼，发现这类我忽略的地方其实更实用。

别人去你家做客，除了常用的那句“Help yourself.”（请自便。）也可以用同样简单的“Make yourself comfortable.”

“It was so not an accident.”中的so你可能真的不会这么用，这句话其实是“那才不是什么意外呢！”

想说一瓶饮料打开后放了很久，原来可以用到“That's been sitting out.”“这种情况不多见”用英语怎么说呢？剧中这个说法简单直白“You don't see that every day.”

还有下面让我印象深刻的说法：

Ross: Hold my cruller.

Rachel: I'm just sorry we don't got popcorn.

这里最吸引我的并不是cruller和don't got。而是：

- “Hold my … ”（一般说beer），说的时候语气要超级轻松，略带傲慢，可以把这句话理解为“这有啥难的！我去去就来！分分钟搞定！”

- 后面的“可惜我们没有爆米花”，言外之意就是“有好戏要看咯！你看吧，Ross马上就翻车打脸！”还有一种常用说法“pass the popcorn”，看热闹不嫌事大的画面一下子就出来了。

这两种说法简单有趣，一学就会，使用场合也多，非常值得学习。听我一讲是不是立刻就懂，但自己学的时候可能并不是这样。

剧中有那么多英语，该怎么学呢？是不是要背每一个单词、研究每一句话？把每句话都背下来或者至少读几十遍？能不能列一些重点的、值得学习的说法？

你可以这样：选一个你真正能长期坚持下去的方式。自己多动手查，少复制粘贴。听别人给你讲十遍，不如你自己看+查+给自己讲一遍，然后带着自己的问题看别人讲、找别人问。

单词和语法不会就查，就像我之前讲过的，词典+Google搜索可以解决至少90%以上的问题。我相信一个人的英语综合能力和每天查了多少用法成正比。

你可能还处于一看到外国电影就头疼的状态，有好多生词、好多不懂的表达，查不到、读不进去，又急又讨厌自己。这都正常，大家都是这么过来的。英语学习的难点在于培养对语言的敏感度，而且只能长期接触这门语言，不断观察才能得以提升。

圣-埃克苏佩里创作的*The Little Prince*（《小王子》）中有这样一段话："If you want to build a ship, don't drum up the men to gather wood, divide the work and give orders. Instead, teach them to yearn for the vast and endless sea."（如果你想造一艘船，先不要雇人去收集木头，也不要给他们分配任何任务，而是要先去激发他们对海洋的渴望。）

语言就是那条船。别管是努力刷题还是看各种剧，它既有好处也有难处。觉得难的时候，想想那片海，若是真的渴望也就没什么难的了。

看动画片学英语，果然很“香”

有一天晚上，我刚想准备睡觉，在Netflix看了一集《鬼灭之刃》（*Demon Slayer*）后，便一发不可收，熬夜刷剧（binge-watch）看了全26集，早上快6点才去睡。

这部动画片的故事情节很好看，节奏比较快。偶尔卖萌，各种回忆杀……每个故事让我们看到了生而为人之难，也看到了通过努力创造出的运气和希望。

我看这部动画片的方法是这样的：音频听中文，字幕调成英语。听着中文，顺便在脑海中做口译，觉得有意思的地方就看下英文字幕是怎么翻译的，遇到有意思的说法就截个图。

下面是我从片中精选的几个超级高频、好用的英文表达。

（1）This kid won’t cut it. But a child who can’t think and act on her own won’t cut it.

cut在片中多次出现，“ … doesn’t cut it”表示“……不符合标准”“不如预想中的好”。举一个《牛津高阶英汉双解词典》上的例句：“He won’t cut it as a professional singer.”（他的歌艺未达到专业歌手水平。）

（2）Beats me.

在剧中的意思是“我不知道”，常常表示“……难住我了，超过了我的能力之外。”

（3）You’re sporting the face of a real man.

sport除了作名词表示“运动”外，它还常用作动词表示“穿戴”，可以是衣服、首饰，也可以是某个表情。这里的“You’re sporting the face of a real man.”在片中表示“你的表情终于像个男人了。”

（4）I didn’t consider that small-timer one of the Twelve Demon Moons to begin with.

small-timer来自“small time”，表示“不太重要的”，反义词则是“big time”。片中的small-timer可以理解为“小喽啰”“虾兵蟹将”，字幕组翻译成了“跑龙套的”，也是很妙的表达。英文中还有类似“small potatoes”这样的说法。

（5）I’ll never let you off the hook!

片中用这句话表示“我绝对不会放过你”。“let somebody off the hook”就是“放某人一马”的意思，常见的类似习语还有“cut sb some slack.”

（6）Let’s see if you can walk the talk.

这句话在片中表示“做得到的话尽管试呀。”英文中常用“talk the talk”表示“光说不做”，用“walk the walk”表示“行动起来”。也可以用“walk the talk”表示“践行你说的话”。

（7）They have poured blood, sweat and tears to prepare themselves for the worst …

当我听到“呕心沥血”“生死关头”这样的说法时，我看了下英语字幕，这个blood, sweat, and tears太常见，也太好用了吧。在blood前面加一个pour，是不是那种拼命准备的画面就有了？

除了以上对英语学习的总结外，片中人物的性格也是让我有兴趣追下去的主要原因之一。男主角Tanjiro（炭治郎）认真、努力、谦虚，只要确定目标，便勇敢为之奋斗。他相信千锤百炼后就会有结果，努力一定会有回报。这不正是我们在学习路上需要的品格吗？“Don’t prove yourself, but improve yourself.”（不要证明你自己，而要让自己每天进步。）

结　语

做英语公众号这么多年，被问及最多的应该是"如何学好英语"这样的问题。其实这个问题太广、太深。这几年写了几千篇相关文章后，我越来越觉得这个问题并不是那么重要。它同人生的问题和挑战一样，需要付出足够的时间和努力。该来的都会来，该走的弯路也必不可少，在没有切身体验之前，什么捷径、方法都派不上用场。

首先，你不要高估你的"学习兴趣"。无论是听歌、看剧，还是"刷"动漫，有兴趣才能让开始时少些痛苦，但学习的本质就是不断重复，过于依赖兴趣也不会走太远。学习是柴米油盐、细水长流，是一场马拉松。没有最好的教材，只要你会学习，所有的素材都是最好的教材。

我的英语学习始于大学，主要动力是"考试驱动"。通过全国大学英语四、六级，英语专业四、八级，雅思考试，我有了英语基本功，建立了学习习惯，也因为考试结果发现自己的问题。考试本身就是最好的学习指南，处于学生阶段的你尽量利用这个考试机制让自己高分高能。

如果你已经毕业，学英语一般是"任务驱动"。你要先明确自己的核心诉求，通过完成任务倒推建立学习策略。我有个朋友是广告片导演，我建议他先学习工作中最常见的词汇，然后把工作中最常说的句子总结翻译成英语，尽早让自己体会到“用英语”的成就感。

别过于追求准确和地道。说英文时忍不住在脑中做翻译无比正常，我们不断地听说读写译，就是为了加快这个转换速度。先别要求中英翻译完美呼应，先忍住“差不多就行”的痛苦。

一个基本的口语练习思路是把中文翻译成中文大白话，再把它译成朴实无华的英语。在这个过程中多查词典、多用工具。比如你想写一份英文简历或一封英文电子邮件，别闭门造车完全依靠翻译工具。我们可以利用搜索找到一些模版，然后依葫芦画瓢，画多了自然就掌握了套路。

学语言的本质是观察和模仿。先放下自己母语的习惯，利用空杯心态去听、去看，然后模仿。等见过千山万水，看破种种套路，再试着创造和验证。

我认为最好的学习方式是找老师学，找老师的最终目的是获得高质量反馈和自学能力。好老师又少又贵，因此我们不能过于依赖老师的引导。我会建议无论是线下一对一课程还是网上和外教学英语，我们要主动给老师提条件，要求老师为你做什么——比如反馈的方式和范围、话题的设定和具体技能的训练。钱都花了，物尽其用起来。

师父领进门，修行在个人。我们跟老师学知识，更要学思路，从根本上提升发现和解决问题的能力。

学习任何东西的最终目的都是学会学习，然后通过学习认识自己，主动选择。你要相信：你真的不比别人差。“达克效应”是存在的。如果你总是觉得自己英语特别差，实际上你的真实水平应该是比你想的要好。我们说自己差，这对自己没什么好处。无论你是什么水平，都要有自己的范儿，千万别因为学英语而变得越学越㞞。我们敢于学一门新语言，这本来就是件很厉害的事情。

全世界都不相信你，你也要相信自己。我不是说相信自己无所不能的那种“迷之自信”，而是你要相信自己：你如今做得不够好是因为你在这件事上的投入少，仅此而已。

我之所以把公众号起名为“英语学习笔记”，是因为我知道在学习的道路上，自己永远是个小学生。只是我可能比你在这条道路上多走了一些弯路，有了一些经验心得，就把它们记录下来分享给你。这些都是我前进的动力。

越努力，越幸运。越幸运，越幸福。学语言可以帮助我们了解自己，我们要跳出来看自己，试着用更多方式表达自己。愿你从语言学习出发，少喊口号，多做事，在“做”中建立自信。我常说：“我一个在成年后学英语的三本毕业生能做到的，你也一定能！”希望我的学习分享能带给你一份鼓励和信心。